A arte da prudência,
de Baltasar Gracián

A arte da prudência, de Baltasar Gracián

(Oráculo manual y arte de la prudencia - 1647)

Gracián e o mundo empresarial

Luis Roberto Antonik

Virgiliae

Preparação e revisões: Katia Halbe e Cecília Madarás
Capa: Adriana Melo/ imagem: Allegory of prudence, by Luca Giordano (1634-1705) oil on canvas, 99,7x95,2cm /DEA/PEDICINI/Álbum/Latinstock
Diagramação: Kathya Nakamura

Dados Internacionais de Catalogação na Publicação (CIP)
(Câmara Brasileira do Livro, SP, Brasil)

Antonik, Luis Roberto
A arte da prudência de Baltasar Gracián (Oráculo manual y arte de la prudencia - 1647 / Gracián e o mundo empresarial / Luis Roberto Antonik. – 1. ed. – São Paulo: Livros de Safra – selo Virgiliae, 2014.

ISBN 978-85-64683-27-3
1. Gracián y Morales, Baltasar, 1601-1658 Critica e interpretação 2. Negócios - Citações, máximas etc. 3. Planejamento estratégico.
I .Título

14-04175..........CDD-658.4012

Índices para catálogo sistemático:

1. Negócios: Planejamento estratégico:
Aplicação dos princípios de Gracián: Administração 658.4012

Virgiliae um selo da: livros de Safra
Livros que fazem o tico, o teco e a turma toda funcionar!
A gente aduba, planta e colhe palavras!

Livros de Safra
tel 55 11 3094-2511
www.livrosdesafra.com.br
Rua Simão Álvares, 663
cep 05417-030 São Paulo - SP

A Dione Patruni: uma alma nobre, um exemplo de vida.

Agradecimentos

Ao meu orientador, professor Benedito Cabral de Medeiros Filho, Ph.D., P.D., C., pela combinação de paciência e sapiência, que tanto contribuíram na consecução dos meus objetivos.

Aos professores da Florida Christian University: Anthony B. Portigliatti, Ph.D. e Fernando Pianaro, Ph.D., P.D., por terem permitido a realização do meu sonho.

Ao meu amigo Luiz Nicolaewsky pelo apoio e bons conselhos.

Sumário

Prefácio

Os conselhos que Gracián deixou são universais e atemporais, mas foram escritos num tempo em que as atividades de plantar, fabricar e comerciar eram mais arte do que ciência. Hoje, essas atividades exigem ciência e arte e demandam especialistas. Por isso, Luis Roberto Antonik, um admirador de Gracián como eu, atualizou os trezentos conselhos, adaptando-os ao mundo empresarial de hoje. (Recuso-me a usar "mundo corporativo", como é da moda, porque é uma macaquice do *corporation* e porque, em português, *corporação* hoje é quase um quase um defeito – é por corporativismo que se protegem políticos, policiais, jornalistas e médicos, muitas vezes, de seus desvios).

Nesse universo muita gente tem graduação e pós-graduação, doutorado no exterior, tem informação, tem cultura, conhece todos os museus do mundo, tem caráter, tem princípios, mas "mete os pés pelas mãos" porque lhe falta o essencial: sabedoria. Por falta de sabedoria – que é saber interpretar a experiência –, o bem-dotado vira um *maria vai com as outras.* Este *Gracián e o mundo empresarial*, lido lentamente, pensado, refletido, pode valer alguns anos de descobertas para quem está nessa complexa ciência e arte das relações internas de uma empresa.

Destina-se ao mundo empresarial, mas cabe muito bem na política. Golbery não se revelava e isso ajudou a criar-lhe um mito. Lula diz o que o povo quer ouvir. Tudo isso está em Gracián. O livro traz à luz a compreensão de que, para os políticos, os sofrimentos e as necessidades das pessoas são o que há de mais importante. Porque se as pessoas estiverem felizes e sem demandas, eles não terão dádivas a oferecer e serão obrigados a discutir ideias. E na página 198 você verá que os políticos fingem que estão dando de presente aquilo a que o cidadão já tem direito.

E cabe muito bem no dia a dia de qualquer tipo de relação. Veja alguns exemplos: "O melhor remédio para o mal é esquecê-lo". "A mentira, para justificar-se, precisa de outras mentiras". "A habilidade vence mais que a força". "O que poderá lhe fazer falta, se você conhece a si mesmo e ao mundo que o rodeia"? "A ninguém são devidas contas de sua intimidade. Seja natural, mas não vulgar". E este, curtíssimo: "Não seja intrometido". Ou: "Um homem é o que lê". "Muita gente é vazia porque não lê, e outros são tolos porque só leem tolices". No fim, Antonik lista aforismos, como este, essencial: "Nunca lute com quem nada tem a perder".

Este livro é um Gracián que fala de executivos, e dos chatos *e-mails* – atualizando a linguagem do século XVII. E se baseia em doze livros editados com os textos de Gracián e sua *Arte da prudência*. Aproveite.

ALEXANDRE GARCIA

Algumas frases de Gracián[1]

Triste coisa é não ter amigos, mas mais triste ainda deve ser não ter inimigos, porque quem não tem inimigos não tem talentos que lhe façam sombra, nem valores que lhe façam temido, nem honra para que dele murmurem, nem bens para serem cobiçados, nem fatos bons que lhe invejem, nem coisa alguma.

A prudência é a virtude da razão prática, que nos ajuda a discernir o bem e a eleger o meio justo para consegui-lo.

A prudência é o saber dos meios.

Não se deve confundir os fins com os meios e muito menos prejudicar o fim com um manejo imprudente do meio.

1 Veja mais frases de Baltasar Gracián no Apêndice deste livro.

Sobre os objetivos e propósitos do livro

Este livro é uma tradução do clássico mundial *A arte da prudência*, escrito pelo padre jesuíta Baltasar Gracián no século XVII. Trata-se de uma série de conselhos direcionados àqueles que desejam aperfeiçoar-se como indivíduos, em todos os sentidos, e assim, vencer na carreira, na família e na sociedade. Entretanto, não se trata de uma simples e pura tradução, pois esta versão da obra de Gracián será contextualizada para os dias atuais, adaptando os aforismos escritos pelo padre jesuíta, para a linguagem do 3° Milênio.

A obra de Gracián, embora com quase quatro séculos, é de uma atualidade impressionante. Os conselhos partem de uma pessoa capaz de perscrutar a alma humana com um conhecimento doutoral, de experiências de vida e lições que complementam o conhecimento e as necessidades daqueles que pretendem ser excelentes e vencer no âmbito empresarial. Os aforismos escritos por Gracián tratam, entre outros, mas principalmente de: relacionamentos profissionais e sociais, erros, atitudes e posturas a evitar, como alcançar a excelência, agir com *prudência* e, sua parte alta, como entender a vida e a alma das pessoas.

A tradução está limitada às palavras de Gracián; são como uma moldura que guarda um quadro, interpretações estarão a cargo do leitor. O texto original é mantido, a menos que afronte a moral do 3° Milênio; isso é possível, pois o relacionamento social evolui e a exemplo do que acontece com os ensinamentos de Maquiavel e Sun Tzu, os quais, em alguns aspectos, não mais se aplicam às regras da nossa sociedade precisando serem vistos e entendidos com os olhos de hoje, limitamos-nos a pesquisar os conselhos, entendê-los profundamente, perceber a sua abrangência e reproduzi-los em linguagem acessível.

Mas, o espetacular da obra de Baltasar Gracián está no texto solto, por muitas vezes contraditório, pois ao que parece o padre não se preocupou em arranjar os conselhos com bases temáticas, simplesmente os escreveu na medida em que lhe ocorreram. Em muitos casos (25%),repetiu trechos de outras obras de sua autoria. Assim, a tradução reordena os conselhos segundo uma lógica proposta pelo autor, agrupando-os por assunto e ordenando-os.

A obra é repleta de bons ensinamentos, insiste na lealdade e na justiça. Afirma que é possível vencer e fazer amigos; gerenciar e ter resultados sem a necessidade de escravizar, ou amedrontar. Nestes dias em que falamos tanto sobre eficiência empresarial, Gracián ensina que é possível lucrar com ética, respeitando o ser humano e valorizando os relacionamentos.

O objetivo geral do trabalho é traduzir o pensamento de Gracián para o momento atual facilitando o entendimento daqueles que estão iniciando como empresários e executivos, eliminando as dificuldades de interpretação das ideias do padre jesuíta. Como objetivos específicos adotamos as seguintes diretrizes: o texto escrito no século XVII, quando traduzido será contextualizado para o momento atual, ou seja, dentro da realidade econômica e empresarial do 3° Milênio; sempre que possível, o texto original será mantido, e; os aforismos traduzidos reordenados, mantendo uma sequencia lógica, agrupando-os por assunto.

Finalmente, como metodologia para desenvolver o trabalho nos propusemos a conduzir a tradução a partir de um texto básico em espanhol adaptado diretamente do espanhol clássico, este, por sua vez, baseado no original de Gracián. Para tanto, adotamos o texto contido na tradução de: *A arte da prudência*, adaptada do espanhol clássico para o moderno, realizada pela Editora Amigo del Hogar, edição de 2007 e patrocinada pelo Banco de Reservas de la República Dominicana (BanReservas/Santo Domingo/República Dominicana). Este serviu como referência e linha mestra para compor o livro. Por fim, desenvolvemos uma completa pesquisa bibliográfica, com vistas a captar o pensamento de Gracián na íntegra, conforme outras traduções apontadas nas referências bibliográficas, bem como uma exaustiva pesquisa sobre a sua vida como padre e como professor.

Combinando *prudência* e integridade para alcançar a excelência

Em seu celebrado best-seller *Man's Search for Meaning* (*Em busca do sentido da vida*), Viktor Frankl[2] conclui que o "sentido da vida é encontrado em qualquer momento da nossa existência" (FRANKL, 2006). A vida, ensina Gracián, nunca deixa de ter significado, seja qual for a situação: de dor, sofrimento, estresse ou pressão. Porém, as reações dos homens não são apenas o resultado das condições de suas vidas, mas também da liberdade de escolha que eles sempre têm, mesmo em sofrimento intenso.

As condições de trabalho, o ambiente e a organização das empresas do 3° Milênio são um pouco disso, como um prisioneiro lutando para sobreviver num campo de concentração da última grande guerra. Condições sub-humanas, trabalho duro, regras estritas para sobreviver. Tudo sem nunca esquecer o livre-arbítrio. Ainda "somos homens, não animais" (FRANKL, 2006).

Vencer no cenário empresarial atual requer extrema dedicação, precisão e perseverança, mas, sobretudo, *prudência*. É preciso ser duro, rápido e eficaz; desprender-se de certos sentimentos românticos. Entretanto, jamais abandonar o caminho da justiça e da retidão. Nunca permitir que o posto ou a fortuna nos suba à cabeça, subjugando os bons pensamentos e as noções de cidadania. O homem não é essencial, imprescindível; na maioria das vezes, a função o fez assim e, quando for substituído no futuro, tornando-se apenas história, será esquecido assim como tantos outros milhares. Apenas uns poucos ínfimos notáveis ficam.

---

2 Viktor Frankl (1905–1997), judeu, foi médico psiquiatra austríaco, fundador da escola da Logoterapia, a qual explora o sentido existencial do indivíduo e a dimensão espiritual da existência. Sobreviveu três anos em campos de concentração nazistas (Wikipédia).

A leitura de Maquiavel,[3] por algumas vezes, é mal interpretada. Seu nome até assumiu, injustamente, uma condição de perversidade na história, pois as palavras do "humanista" florentino, que viveu na Renascença, são vistas por alguns apenas como "coisas do mal", sem que delas retirem o momento histórico e, sobretudo, sem perceber que durante todo o discurso ele ensina ao seu príncipe: retidão, justiça e princípios. Sob a ótica do 3º Milênio, o príncipe poderia ser um gestor, diretor ou empresário. Para entender as suas lições é preciso viver a Itália do século XVI.

Do mesmo modo, é impossível entender as formulações de Karl Marx[4] sem nunca ter visitado *Hard Times*[5] (*Tempos difíceis*), de Charles Dickens.[6] Como aceitar a fúria de Engels[7] contra a sociedade capitalista sem ler as descrições de Dickens sobre a Manchester[8] de meados do século XIX?

A arte da prudência é uma coletânea de conselhos que remetem o leitor para uma época e um contexto exatamente ou muito parecido ao cenário empresarial atual, mas não igual. O livro foi escrito em uma época de crise e dificuldades, o Barroco Espanhol, contemporâneo de Gracián. Mas, mesmo assim, prega a justiça e a equidade. Segundo ele, sem obstinação e rigor não há sucesso, muito menos conquista. Sem *prudência* não existe nada, é o vazio.

---

3 Nicolau Maquiavel (1469–1527) foi historiador, poeta, diplomata e músico italiano do Renascimento. É reconhecido como fundador do pensamento e da ciência política modernos, por ter escrito sobre o Estado e o poder (Wikipédia).

4 Karl Heinrich Marx (1818–1883) foi intelectual e revolucionário alemão, fundador da doutrina comunista moderna, atuou como economista, filósofo, historiador, teórico político e jornalista (Wikipédia).

5 Dickens, Charles. *Hard Times. Dover Thrift Editions*, 2001, Londres.

6 Charles John Huffam Dickens (1812–1870), que adotou o pseudônimo "Boz" no início da sua atividade literária, foi o mais popular dos romancistas ingleses da era vitoriana (Wikipédia).

7 Friedrich Engels (1820–1895) foi teórico revolucionário alemão que, com Karl Marx, fundou o chamado *socialismo científico* ou *marxismo*. Foi coautor de diversas obras com Marx, sendo que a mais conhecida é o *Manifesto comunista* (Wikipédia).

8 Manchester é uma cidade do Reino Unido situada no noroeste da Inglaterra. No século XIX, era o mais importante centro de têxteis do mundo. Nas suas indústrias, os operários eram explorados inescrupulosamente.

Nietzsche,[9] com seu estilo radical, questionou o valor e a objetividade da verdade e explicou como deveria ser o caminho para que o indivíduo se tornasse um "super-homem". Maquiavel, em outro contexto, menos polêmico e interpretativo, também torna claro os passos pelos quais os gestores podem tornar-se um "super-homem", o último homem.

Este livro é uma tentativa de atualizar o pensamento contido na obra de Baltasar Gracián sob a perspectiva do 3° Milênio. Assim, não há por que aconselhar a morte generalizada dos herdeiros, como teria dito Maquiavel: trata-se aqui de transmitir ao empresário a visão original de Gracián, adaptada ao que é possível e permitido pela moral social de hoje. É surpreendente a contemporaneidade do texto, mas principalmente os bons conselhos que traz para a gestão empresarial quando atualizado, pois combina permanentemente eficiência, rigor e o emprego da lei. Segundo Gracián, não há como prosperar sem ser justo. Nenhum ditador é eterno, isso como regra. Todos os usurpadores e tiranos terão seu amargo dia final. Maquiavel teria dito: "pode-se até alcançar fortuna, mas nunca a glória" (MACHIAVELLI, 2002).

É possível notar que o texto deste escritor e padre espanhol, foi influenciado pelos ensinamentos de Maquiavel. Gracián diz que o mundo é um lugar hostil e enganoso, onde prevalecem as aparências frente às virtudes e, principalmente, sobre à verdade. O homem é um ser débil, interesseiro e malicioso. Deste modo, assim como Maquiavel, Gracián ensina como adquirir habilidades e recursos necessários para melhor enfrentar as "*trampas*"[10] da vida. Do mesmo modo que o florentino, o escritor espanhol ensina o leitor a fazer valer-se, ser justo, prudente e aproveitar a sabedoria dos antigos, baseada na experiência.

---

9 Friedrich Wilhelm Nietzsche (1844–1900) foi filólogo, filósofo, crítico cultural, poeta e compositor alemão do século XIX (Wikipédia).

10 Na língua espanhola, *trampas* tem o significado de armadilha.

Mas, como afirma o próprio texto, "o homem atento não deve esperar por conselhos" (GRACIÁN, 1995). Tanta diferença existe entre o modo como se vive e como se deveria viver, que aquele que se preocupar com o que deveria ser feito, em vez do que se faz, antes aprenderá a própria ruína do que a maneira de se conservar.

E, por outro lado, "um homem que desejar fazer profissão de bondade, muito natural é que se arruíne entre tantos que são perversos" (MACHIAVELLI, 2002). Os maus estão todos trabalhando, e grande parte dos bons está a buscar por oportunidades. Um exagero é certo; não se deve levar esta afirmação tão a sério, mas como regra a vida das empresas não é um jardim de rosas.

Finalmente, de toda a leitura e exame dos capítulos, conclui-se que, para vencer na vida, conservar os negócios ou, ainda, manter a própria empresa herdada, adquirida ou construída, é preciso que o indivíduo estude suas próprias lições e aprenda a liderar, ser judicioso e prudente, de forma que utilize ou deixe de utilizar essas experiências conforme a necessidade.

E guardemos a lição final. Não se constrói a própria sorte baseado no infortúnio alheio, não se constitui riqueza baseada naquilo que foi retirado dos empregados. Ninguém engana para sempre. Faça o inusitado, pratique o justo, seja firme, nunca arrogante, pois será amado e temido por todos os tempos. Palavras de Baltasar Gracián.

Sobre a atualidade da obra

A arte da prudência de Baltasar Gracián (1601–1658), é um clássico da literatura mundial.

Alguns clássicos conseguem transcender as bases literárias e se imortalizar pela aplicabilidade e interferência direta na vida diária das pessoas. Não há por que diminuir a importância de *Fausto*, *Romeu e Julieta* ou *O Velho e o Mar*. Entretanto, tais obras-primas passaram para a história pela genialidade do conteúdo, pelo vanguardismo e pelo espetacular jogo de palavras.

É nessa circunstância que aparecem também obras como *O príncipe*[11] e *A arte da guerra*.[12] Mas é curioso notar que tais obras receberam centenas de versões e aplicações práticas e empresariais, assim como foram vertidas para todos os idiomas comerciais do planeta. Livros assim, capacitam aquele interessado em gerir negócios, liderar pessoas e obter resultados.

Com o pensamento de Gracián não foi diferente: o livro imediatamente se transformou num best-seller nos Estados Unidos, na América Latina e na Europa, os executivos encontraram na obra imortal do padre espanhol extraordinárias ferramentas e lições, o que lhes permitiu alcançar melhores resultados nos seus respectivos negócios sem desconsiderar que "as empresas são feitas de homens e não de máquinas" (SCHWARTZ, 2010).

É interessante observar que o formato adotado por Gracián – que colocou uma série de conselhos na forma de aforismos, com textos muito curtos e frases firmes e concisas – transformou o livro num conjunto de fundamentos sobre comportamento, relacionamento, atitude e, principalmente, sobre ética empresarial. Aliás, este último atributo é o ponto forte do

11 *O príncipe*, obra-prima de Nicolau Maquiavel, publicada em 1532.
12 *A arte da guerra*, livro de Sun Tzu, provavelmente publicado em 500 a.C.

escritor espanhol, um mestre do conhecimento da alma e com uma capacidade de observação das virtudes e dos defeitos humanos sem precedentes na literatura, cuja sabedoria, na *Arte da prudência*, é oferecida àqueles que se disponham a escrutinar as suas palavras.

No cenário atual, as organizações vivem um paradoxo aparentemente irreconciliável: ao mesmo tempo em que as empresas buscam obsessivamente o lucro (o qual, por natureza, parece apontar para uma atividade desumana e exploradora irracional de recursos, quaisquer que sejam), também procuram cada vez mais valorizar os seus recursos humanos. Bilhões de dólares são gastos anualmente em capacitação de gestores na tentativa de obter resultados sem esquecer o lado humano.

Mais recentemente, com especial ênfase a partir do 3° Milênio, os especialistas em gestão concluíram que a empresa humanizada pode ser mais rentável e, portanto, têm procurado ensinar aos executivos buscar resultados respeitando as características de cada um. Ao mesmo tempo (afirmam também os estudiosos de gestão), a empresa que não dispõe de colaboradores motivados, engajados e com irrestrita visão das necessidades e dos objetivos empresariais não terá chance no mercado.

Gracián inaugura uma nova fase na administração quando afirma que é possível tomar decisões sobre lucros sem, no entanto, perder de vista os valores éticos.

Nos seus trezentos aforismos, Gracián "se dirige aos homens de negócios de uma forma aberta, mesurada, judiciosa, guiada por um gênio criativo, uma visão penetrante e um gosto educado, sempre a alguém culto, aculturado, *prudente* e com alto sentido de responsabilidade"[13] (GRACIÁN, 2007). Os endereçados são aqueles que estão interessados na criação de um ambiente de negócios ordenado e racional.

A qualidade do texto e, principalmente, a sua atualidade são espetaculares. Se não fosse dito antecipadamente, poucos

13 Daniel Toribio, administrador-geral do BanReservas, República Dominicana, 2007.

presumiriam tratar-se de uma obra com quase quatro séculos de idade. É um dos livros mais vendidos, como demonstra a versão em inglês, intitulada *The Art of Worldly Wisdom: A Pocket Oracle (A arte da sabedoria popular: oráculo de bolso)*, que chega a vender milhares de exemplares todos os anos, como um manual de autoajuda para executivos.

O método de construção de *A arte da prudência*

A arte da prudência oferece, ao longo de trezentos aforismos, um conjunto de normas de conduta que indicam como triunfar nesta sociedade complexa que é o mundo empresarial.

O *Oráculo manual*, como outros tratados gracianos, aconselha o homem a ser sagaz, inteligente e prudente. Com esta obra, Gracián sintetiza muitos dos preceitos de seus escritos e obras dedicados à filosofia moral. A obra foi publicada em Huesca, em 1647, com o equivocado título de *Sacada de los Aforismos de Lorenzo Gracián* (pseudônimo que o autor utilizava para evitar a censura prévia do Colégio dos padres jesuítas).

Baltasar Gracián, ao escrever *A arte da prudência*, aproveitou parte dos aforismos reproduzidos em outras de suas obras, *El héroe*, *El político* e *El discreto*, são alguns desses seus livros. Vale dizer que copiar partes de um livro para reproduzir em outros era "um costume e um modo de proceder comum dos autores clássicos da antiguidade" (GRACIÁN, 1960). O processo de realizar em parte uma antologia de citações suas indica que Gracián se eleva ao mesmo patamar dos autores que formavam o cume literário da época.

O sintagma de duas partes *Oráculo manual* e *A arte da prudência* funciona como uma antítese, pois tem um sentido secreto emanado do vocábulo *oráculo* (a semântica de *divindade*). Não por acaso, este termo é um substantivo cujo adjetivo é a palavra *manual*, isto é, aquilo que cabe na mão, para um uso prático e portátil. Na segunda parte do título, a palavra *arte* tem o mesmo significado desde o final da Idade Média: regras e preceitos para fazer bem as coisas. Mas se opõe à *prudência*, que não admite regras certas e universais para a conduta do homem. De todo modo, fica muito claro que se trata de um livro de conselhos e regras de conduta, o qual parte da tradição dos "espelhos dos príncipes" (GRACIÁN, 1954),[14] como teria sido a intenção do escritor florentino Nicolau Maquiavel. Entretanto, a obra de Gracián se dirige a uma pessoa qualquer e ao contrário de Maquiavel ele não se utiliza de exemplos acontecidos e muito menos cita pessoas como fez o florentino. Assim, A arte da *prudência* se converte numa norma de conduta para obter o triunfo na vida cotidiana, mas ao alcance de qualquer um.

Não menos esclarecedora e nova é a forma de *Oráculo*, esta prescinde da argumentação e da exemplificação, com casos históricos observados em tratados similares do aragonês Gracián. Ele abandona, deste modo, o argumento da autoridade avalizado pela história. A observação do mundo e a aplicação destes conselhos na prática são agora garantias de utilidade deste conjunto de normas e conselhos para o indivíduo ser *prudente*, conselhos de aplicação universal e contratados pelo uso empírico, explicando melhor, baseados na experiência de vida do padre.

O *Oráculo* não apenas interessou aos aficionados pela literatura, também lhe dedicaram atenção pensadores e filósofos desde a época de sua publicação até os dias de hoje, quase quatrocentos anos depois. Sobretudo, vale notar o interesse que a obra suscitou em sumidades, filósofos e personalidades da época, tais como, Arthur Schopenhauer,[15] que se dedicou a este livro de tal modo que o fez levar a aprender o espanhol, para traduzi-lo ao alemão. Como todos sabem, é um privilégio ler um autor na língua em que a obra foi escrita. As traduções

---

14 Os espelhos dos príncipes (Latin: principum espéculos) referem-se a um gênero literário usado durante a Idade Média e do Renascimento. Livros que instruem diretamente reis ou governantes em determinados aspectos de regra e comportamento. Podem ser considerados como uma espécie de manual de autoajuda. Possivelmente o mais conhecido "espelho de príncipe" seja *O príncipe* de Nicolau Maquiavel.

15 Arthur Schopenhauer (1788–1860) filósofo alemão do século XIX. Seu pensamento sobre o amor é caracterizado por não se encaixar em nenhum dos grandes sistemas de sua época (Wikipédia).

sempre contêm um pedaço da alma do tradutor, o que nem sempre interessa. Porém, até muito pouco tempo, a versão germânica da obra de Gracián foi a mais difundida.

A arte da prudência , de Gracián, como dissemos, não apresenta uma estrutura definida (daí a necessidade de reordená-la), mas ainda assim permite que sejam percebidos claramente constantes blocos de reflexões, que permitem desenhar, por meio dos trezentos aforismos que compõem a obra, um sistema de pensamento estrategicamente definido, inclusive com suas contradições (GRACIÁN, 1960). Paradoxos que o leitor poderá verificar que estão presentes em várias partes da obra. Muitos aforismos apresentam uma estrutura sintática construída a partir da locução verbal "saber + infinitivo", entre outras perífrases verbais e lexicais. A perífrase, aliás, representa uma figura retórica que consiste em expressar uma noção mediante um conceito único, geralmente com fins eufemísticos ou como alarde de gênio, indicando que estamos diante de normas de comportamento que podem nos levar ao caminho da glória ou do êxito nas relações com as pessoas, especialmente no trabalho. Assim, os aforismos[16] 77, 149, 150, 235 e 262 seriam exemplos de aprendizagem necessárias para uma pessoa se conduzir adequadamente numa sociedade complexa e mutante.

A obra de Gracián, em definitivo, trata de um conjunto de ideias do marketing pessoal do século XVII, de um conhecimento prático da vida e dos negócios com incrível aplicação no 3° Milênio. De igual forma, a leitura individual dos aforismos – nos quais se explica com mais precisão aquilo em que consiste cada um dos conselhos e conhecimentos – dá indicações sobre a "inutilidade de se ter grande cultura e ser detentor de um vasto cabedal de erudição se toda essa sabedoria não tem aplicação prática" (GRACIÁN, 1999). Isso porque todo o conhecimento,

16 Aqui o autor refere-se ao texto original de acordo com a numeração de Gracián, pois, conforme dito anteriormente, os conselhos foram reordenados numa tentativa de agrupá-los por assunto. A numeração do texto original é encontrada ao final de cada aforismo (##).

para Baltasar Gracián, deve ser orientado para o "saber viver", ciência que na sua época se intitulava "moral filosófica". A inteligência consiste em saber como sair airoso de qualquer situação, assim dito: "não se vive se não se sabe" (15 e 247), "não se prenda ao passado, ainda que este tenha sido melhor" (120) ou, ainda, "aposte nos seus superiores, pois a autoridade sempre verá sua capacidade como um atributo da mais alta importância e considerará crime de lesa-majestade ela não ser reconhecida" (7). Deve-se fazer o importante, mesmo que pequeno. Um bom exemplo disso é o aforismo 232: "É fácil enganar os sábios, pois – ainda que eles saibam o extraordinário e o inusitado para os leigos – ignoram o ordinário do viver, que é muito mais precioso: 'de que serve o saber se não é prático?'".

Entretanto, desafortunadamente, alguns aforismos tiveram que ser alterados no seu entendimento. Acontece que certas normas de conduta corretas no século XVII não mais se aplicam à moral e aos bons costumes do 3º Milênio. Como estamos tratando de uma obra de conselhos, contextualizada para a época atual, alguns aforismos (187, 258 e 275) foram alterados e guardam pouca relação com seu texto original. Para exemplificar, o aforismo 258 ensina (no original) que sempre devemos ter algum subalterno por perto quando executamos uma ação, até para poder culpá-lo se as coisas saírem errado. Ora, tal comportamento é inaceitável sob a ótica dos nossos dias. Desta forma, o sentido do texto foi alterado ligeiramente de modo a adaptá-lo à moral de hoje.

As ferozes competições que experimentamos na vida diária das empresas e, especialmente, no nosso trabalho, nos colocam num ambiente agressivo, onde não existem muitos remédios para combater os males, mas se conquistamos a *prudência*, podemos colocá-la a nosso serviço. As habilidades de conquistar, deter e aperfeiçoar uma sabedoria prática podem nos proporcionar a *prudência* e a cautela necessárias para resolvermos com êxito cada um dos problemas e dificuldades que se apresentam na jornada, para sermos capazes de obter um lugar de destaque no competitivo mundo empresarial. Esta obra, por seu caráter prático, específico, moderno e universal, constitui-se de grande ajuda para os homens e as mulheres que querem encarar os desafios do trabalho com perícia e determinação.

Nota do autor

O leitor se perguntará: que razão motivaria a publicação de uma nova edição desta obra?

A leitura do livro tratará de responder esta inquietude (GRACIÁN, 2007).

As traduções deste livro para a língua portuguesa têm duas características. Alguns autores procuraram selecionar aqueles aforismos que lhes pareceram melhores ou mais inteligentes (GRACIÁN, 2006). Assim, nestas publicações, *A arte da prudência* é uma obra incompleta e, com isso, muitas lições são perdidas. Outros autores (GRACIÁN, 2009), devido à sua alta capacidade intelectual, interpretam aquilo que foi dito por Gracián num nível excessivamente elevado, fora do alcance daqueles que estão formando suas bases morais e conceituais para entrar no mercado de trabalho. Por tal razão, a comparação entre os textos (o original e o traduzido), em algumas edições, não guarda relação direta com o original, não obstante todas as mensagens desses escritores são lindas e com muita profundidade (GRACIÁN, 2008).

Sob tal ótica, esta tradução de Gracián adaptada para o português com base nas obras citadas nas Referências Bibliográficas, especialmente na edição de 2007 da Editora Amigo del Hogar, parte de alguns princípios. Todos os textos originais foram mantidos, o que, em certos casos, perceberá o leitor, os torna um pouco extensos quando comparados com os textos de outras edições. Como segundo ponto, estes textos completos e fiéis aos originais, tanto quanto possível, foram contextualizados para o cenário atual, ou seja, a linguagem foi adaptada. Por exemplo: no século XVII, era importante a *honra* pessoal. Porém, hoje, chamamos este mesmo atributo de *ética*. Por outro lado, no 3º Milênio não existem mais mestres a conduzir as nossas ações; hoje, na vida empresarial, somos dirigidos pelos nossos superiores com o objetivo de concretizar a missão da empresa. Ademais, como uma tentativa de levar a mensagem de Gracián para todas as pessoas, nos diversos níveis sociais, mas, principalmente, objetivando alcançar aqueles que se preparam para ingressar no mercado de trabalho – todas as citações, os nomes, os lugares, as referências e as palavras consideradas "difíceis" foram explicadas.

Por último, uma alteração importante em relação à composição original da obra. O "Manual", tal como foi escrito, parece conter uma intenção evangélica, Gracián vai colocando os "conselhos" de forma solta no texto, como se tivesse a intenção de que o leitor, ao abrir o livro aleatoriamente quatro séculos após terem sido escritos os aforismos, simplesmente lesse o "conselho", assim como fazem aqueles que abrem o Evangelho a esmo antes de uma manhã de trabalho, na busca insaciável de uma frase iluminada que traga sabedoria ao seu dia.

Desse modo, um "conselho" sobre liderança pode ser encontrado no aforismo 26, outro sobre o mesmo tema no aforismo 42 e um terceiro no aforismo 62. Neste livro, a ordem original dos aforismos foi alterada, tendo sido reordenada de forma a lhes dar uma sequência temática. De qualquer modo, o leitor – ao encontrar um número ao final do aforismo: "(##)" – saberá que esta era a sua posição inicial na ordem original em que o texto foi escrito por Gracián.

Assim, numa tentativa ousada de melhorar o perfeito, os aforismos foram agrupados em seis diferentes categorias temáticas:

1. *Como alcançar a excelência*: um conjunto de lições para aqueles que buscam incansavelmente a perfeição na vida e no trabalho.

2. *Agir com prudência e comedimento*: uma forma de praticar o ardil do bem, se isso for possível; ser cauteloso e estratégico no cotidiano e em ambientes empresariais.
3. *Aprimorando relacionamentos profissionais*: uma visão do ator prudente, deslocando-se no palco dos negócios ora como diretor, ora como protagonista, mas sempre na busca de uma relação interpessoal mais adequada, assim como requerem as organizações do 3° Milênio.
4. *Evitando comportamentos, atos e atitudes indesejáveis*: um rol de conselhos para evitar situações que desgastem a nossa imagem diante daqueles que nos rodeiam e avaliam.
5. *Conhecer a vida e entender a alma das pessoas*: o ser humano é peculiar, não existem dois iguais. É indispensável conhecer a "alma" das pessoas para melhor gerenciá-las ou simplesmente para aprimorar a convivência social.
6. *Maximizando relacionamentos sociais*: estes conselhos analisam situações nas quais sempre existem oportunidades de melhorias para maximizar nossas relações dentro da sociedade.

Resumidamente, trata-se de uma coletânea de conselhos que versam sobre diversos assuntos, todos voltados para a área comportamental daqueles que habitam o cenário empresarial sob diferentes formas de comportamento, isto é: liderança, comunicação e desenvolvimento. Em todas as palavras parece existir "uma mesma ordem de significados: moral, bons costumes, ética, justiça e equidade" (GRACIÁN, 1990).

Finalmente, este conteúdo tem a intenção de demonstrar um quadro geral de Baltasar Gracián, isto é, os seus pressupostos, os seus conceitos e as suas definições essenciais. Resignamo-nos a pesquisá-los e entendê-los, adaptando-os às realidades do cenário atual do 3° Milênio, mas sem, contudo, causar prejuízo à abrangência e ao conteúdo profissional dos demais conhecimentos ou desdobramentos envolvidos e às suas respectivas aplicabilidades, cujas possíveis interpretações alternativas estão ao encargo do leitor.

Parte 1
Como alcançar a excelência?

"A perfeição suprema é ser uma boa pessoa"

Como alcançar a excelência? Nunca uma pergunta recebeu tantas respostas. São milhares de vídeos, palestras, cursos e livros ao redor do mundo para nos ensinar o óbvio. Será? Alcançar a excelência significa fazer renúncias, escutar e seguir conselhos, mas, sobretudo, estar consciente de que existe algo possível de ser melhorado e que podemos trabalhar para aperfeiçoá-lo.

"O modo como estamos trabalhando não está funcionando" (SCHWARTZ, 2010). Precisamos de um guia "moderno" para aumentar sistematicamente as nossas capacidades interpessoais, físicas, mentais e emocionais. Os consumidores mudam, os patrões se transformam e a sociedade se adapta, tudo de forma alucinante.

Precisamos repensar nosso comportamento se desejamos nos tornar excelentes. Mas a angústia do homem moderno reside no dilema de que o comportamento das pessoas em geral não consegue se adaptar à mesma velocidade do movimento social.

O 3° Milênio é um tempo no qual a excelência é uma ação urgente.

Entretanto, cautela! "O sucesso requer paixão e *prudência*, mas combinados" (GRACIÁN, 1999). O ímpeto da mente é mais poderoso do que o do músculo, é como uma espada afiada: é bom que esteja sempre dominada pela *prudência* e só deve ser usada quando uma ocasião especial a demande.

1.

Qualquer um pode chegar à perfeição, mas a maior delas, a suprema, é ser uma boa pessoa. Os tempos são outros, com o conhecimento necessário para formar um homem hoje, antigamente, era possível formar sete. Afirmo, ainda, que nos dias atuais é preciso ter muito mais inteligência para tratar com um só homem do que era requerida para fazer o mesmo, com todo um povoado, no passado. E assim será mais difícil a cada dia (1).

2.

Deve ter inteligência e conhecimento, duas qualidades para fazer-se admirável. Ter uma sem ter a outra é ser infeliz. Alguns não se conformam em ser apenas inteligentes. Querem ser geniais. Terá a infelicidade dos tolos se quiser mostrar para a sociedade mais do que a natureza lhe proporcionou (2).

3.

Sabedoria e valor, juntos, lhe dão grandeza. Porque ambos são imortais, dão eternidade a quem os tem. Quanto mais conhece, mais admirado será, pois o sábio e o gênio tudo podem. Um homem sem conhecimento é como um quarto às escuras. Mas devemos saber usar a sabedoria e a força, os olhos e as mãos. A sabedoria sem valentia é estéril (4).

4.

Faça o máximo esforço para alcançar a excelência. Ninguém nasce feito; ao contrário, vai se aperfeiçoando diariamente, em sua vida pessoal, em seu trabalho, até chegar à excelência, havendo adquirido a sabedoria, a inteligência emocional e a técnica do trabalho, que a faz superior. Assim, torna-se aquele indivíduo reconhecido pelo seu gosto refinado, por sua inteligência maior, seu juízo maduro e sua vontade definida. Alguns nunca alcançam este nível, pois sempre lhes falta algo. Outros tardam mais na vida até fazer-se. Um homem com conhecimento, prudente, mas decidido, com bom vocabulário, é sempre admitido e ainda mais desejado pelo mercado no estreito círculo das altas gerências (6).

5.

A NATUREZA SEMPRE NOS DÁ ALGUMA QUALIDADE, MAS LHE CABE MELHORÁ-LA. Não se iluda: não existe beleza que não tenha sido refinada, nem virtude esplendorosa sem o brilho da elaboração. O polimento e o aperfeiçoamento melhoram o mal ou tornam o bom perfeito. Se resigna-se com aquilo que a natureza lhe deu, vai ser apenas mais um. Aplique cada um dos seus dias na deliciosa arte de superar-se. Sem este esforço, a melhor pessoa parecerá rústica e faltará para aqueles que carecem de cultura profissional a metade das virtudes necessárias para que triunfem no trabalho. Todo homem parecerá tosco se não engendrar seu aperfeiçoamento. Por tal razão, é mister, ou mesmo dever, refinar-se para alcançar a perfeição (12).

6.

CADA HOMEM TEM O SEU MOMENTO. O sucesso e o fracasso dependem da possibilidade de cada pessoa responder ao tempo em que vive. Nem todos tiveram o tempo que mereciam; e outros, que o tiveram, não acertaram ao aproveitá-lo. Alguns tiveram virtudes que os fizeram os melhores do século, mas o bom nem sempre triunfa. Os homens e as coisas têm determinado seu instante feliz e até aos mais excelentes está determinada sua hora. Mas o homem que tem sabedoria, que é eterna, leva uma vantagem, pois sabe que, se este não é o seu momento, com *prudência* poderá esperar por outros que o sejam (20).

7.

PRATIQUE A ARTE DA *PRUDÊNCIA*. Existem muitas regras para se conseguir o sucesso, mas só os gênios podem aplicá-las ao acaso. Entretanto, aqueles que não são superdotados podem ajudar a sorte neste esforço de obter triunfo. Alguns se conformam em se colocar às portas da sorte e esperar que ela lhes dê uma oportunidade. Fazem melhor os que dão um passo à frente e se valem da audácia, que – se acompanhada das asas da virtude – pode fazê-los alcançar o triunfo, acariciá-los e fazê-los receber seus benefícios. Mas, se pensarmos bem, a melhor maneira de conseguir o sucesso é fazer o bom uso da virtude e da atenção, pois não há maior inteligência que a *prudência* nem maior disparate do que ser imprudente (21).

8.

Dê mais valor à qualidade do que à quantidade. A perfeição não reside na quantidade, mas na qualidade. Tudo aquilo que é bom é pouco ou raro. Não se valoriza muito o que existe em abundância. Em vez de ser gigante e oco, vale mais ser pequeno e sólido. Alguns estimam os livros por seu tamanho, como se tivessem sido escritos para exercitar o braço, quando seu fim verdadeiro é fortalecer a inteligência. Apenas extensão ou volume nunca passaram de mediocridade, e é vício dos homens querer abarcar muito, que em verdade consiste em abarcar nada. A intensidade dá sabedoria, faz o homem admirável e de alto espírito (27).

9.

Seja judicioso e observador. Assim, dominará todas as situações, em vez de estas o dominarem. Penetre com seu pensamento até o detalhe mais profundo. Aprenda a analisar e julgar tudo. Quando deparar-se com uma pessoa, estude e valore sua essência profundamente. Com estas considerações é possível decifrar a mais escondida das interioridades. Observe o duro, perceba o sutil, deduza com juízo, descubra, advirta, alcance e se aprofunde (49).

10.

O homem prudente há que saber esperar. Quem espera sempre alcança. O coração assanha o sofrimento. Nunca se apresse ou se apaixone. Seja primeiro senhor de si e poderá logo ser dos demais. Tem que caminhar devagar e encontrar uma ocasião propícia; toda jornada começa com um simples passo. E o passo prudente dá sabor ao triunfo e irá amadurecer suas forças secretas. O apoio do tempo é mais poderoso do que a força de Hércules.[17] "Eu e o tempo somos dois", dizia um provérbio antigo.[18] A sorte e a fortuna sabem premiar aqueles que têm a *prudência* de esperar e sempre os premiam com o galardão da grandeza (55).

11.

EM QUALQUER COISA QUE FAÇA, PROCURE SER O MELHOR, UMA ESPECIALÍSSIMA QUALIDADE ENTRE TODAS AS VIRTUDES POSSÍVEIS. É indispensável que um grande homem tenha alguma qualidade revelada, pois o mediano nunca provocará aplausos. Ser eminente no comportamento é algo que destaca e impulsiona a categoria de raro talento, o extremo, o grande. Ser notável é uma profissão humilde; é ser muito no pouco. Ser extremamente dedicado naquilo que se faz o eleva a rei, produzindo admiração e concitando ao afeto (61).

12.

ALCANCE A EXCELÊNCIA DE SER O PRIMEIRO. E se tem inteligência, será duplamente melhor. Muitos poderiam ser eternos em seus empregos, a não ser que existissem outros melhores. Os primeiros serão sempre os mais notáveis, aqueles que levam a fama, e os segundos apenas tentam imitá-los, sem nunca alcançá-los. Prodígio da vida é a capacidade de inventar novas formas de realizações com inteligência sem abandonar a *prudência* e o comedimento. Os grandes sucessos se fizeram pelas ações

17 Hércules é o nome em latim dado pelos antigos romanos ao herói da mitologia grega Héracles, filho de Zeus e da mortal Alcmena, famoso por sua força. Aqui Gracián faz uma comparação, dizendo que a prudência e o bem-pensar são mais importantes do que a força de um Hércules.

18 Frase atribuída a Francisco Gómez de Quevedo y Santibáñez Villegas (1580–1645), escritor do Século de Ouro espanhol.

criativas produzidas pelos seus autores. Ser primeiro é tão importante que alguns preferem sê-lo em segunda categoria em vez de segundos na primeira. Há até quem diga: "segundo e vigésimo quinto lugar são a mesma coisa" (63).

13.

Aprenda a sair de um desacerto. É habilidade de inteligentes. Com sinceridade e prontidão pode-se sair de cabeça erguida das situações mais difíceis. Deste modo, às vezes, é possível contornar o erro com triunfante sorriso, mesmo que tenha sido grande. Isso fundamentou o valor dos maiores capitães. Uma tentativa para livrar-se do erro é mudando a conversa ou dando-a por encerrada; não se fala mais no assunto. Às vezes funciona, mas, em qualquer situação, fale sempre a verdade (73).

14.

Faça luzir sempre a sua cultura e a maneira limpa e cuidadosa de realizar seus atos. O homem nasce bárbaro, mas cultivando-se eleva-se sobre a besta. A cultura o faz pessoa melhor. Por ser tão culta, a Grécia pôde chamar de bárbaras as outras nações.[19] As pessoas ignorantes são toscas. Não há o que cultive tanto o espírito como o conhecimento. Mas esta mesma sabedoria pode parecer grosseira se for mal delineada. Não apenas deve estar limpo o entendimento, também o amor e mais, a conversação. Existem homens que por natureza são pulcros, com gala interior e exterior, em ideias e palavras e também no modo de vestir. São como a polpa do fruto, cuja beleza indica o seu sabor. Existem outros, ao contrário, tão grosseiros que tudo neles, incluindo a inteligência, os desluzem com uma intolerável e inumana carência de higiene da alma (87).

19 Aqui Gracián se refere à Grécia Antiga, berço da sabedoria e da inteligência. Embora conquistada pelos romanos no campo das armas, a Grécia impôs aos conquistadores a sua cultura.

15.

É SEU DEVER ENTESOURAR UM UNIVERSO DE VIRTUDES. Um homem com muitas virtudes vale por muitos. Se o viver lhe faz feliz, será um deleite no trato com os demais. Terá variedade de virtudes que o fará desfrutar plenamente a vida. É uma grande arte saber alcançar a plenitude de bondade. É aquilo para o qual a natureza preparou o homem, dando-lhe um conjunto de sabedorias que ele deve exercer, refinando seu gosto e enriquecendo seu pensamento (93).

16.

COMO CONSEGUIR REVELAR A SUA BOA REPUTAÇÃO? O fruto de fazer um bom nome é a reputação. Sempre é altamente apreciada, pois nasce das inteligências nobres, aliás, tão poucas nos dias de hoje como muitas são as mediocridades. Consiga a sua reputação, seja o melhor no fazer e a conservará com facilidade. Mas o ato de tê-la o obriga a continuar agindo e gerenciando de modo que o seu prestígio cresça. É uma virtude em crescimento, a qual chega-se a venerar, porque marcha sempre até o superior. Sinecuras são miragens. Nunca esqueça: a reputação fundada na verdadeira substância e profundidade é a única perene (97).

17.

NÃO ESPERE ATÉ QUE O SEU ESPLENDOR DECLINE. É um princípio usado pelos sábios abandonar as coisas antes que elas lhe deixem. Saber retirar-se faz da sua decadência um triunfo, pois até o sol esconde-se por trás da nuvem para que não o vejam descer, deixando assim uma dúvida. Procure não cair no ocaso de seu emprego e o respeitarão. Não espere que os seguidores de hoje o sigam depois do amanhã; lhes dará pena e lhe perderão a estima. O desportista que sabe retirar-se da carreira, torna-se uma lenda; já o insistente, que não reconhece o tempo, transforma-se numa piada ocasional. Quebre o espelho antes de perder a beleza e não insista contra o tempo para depois chegar ao desengano. O tempo é inexorável. (110)

18.

GANHE O AFETO DOS DEMAIS. É um dos ditames mais importantes. É dizer que não basta ter razão naquilo que se diz, é necessário dizê-lo com amor. Alguns confiam a aceitação apenas aos seus argumentos, mas é difícil convencer e ser aceito sem dar-se a querer. Se for agradável, os demais engrandecerão suas outras virtudes; o verão mais valoroso, aceitarão suas verdades, sua sabedoria e até perceberão sua inteligência. Quem o ama enxerga pouco seus defeitos, porque não os quer ver. O trabalho árduo é ganhar o amor e o carinho dos outros, que logo serão fáceis de serem conservados (112).

19.

MOSTRE SER UMA PESSOA RESPEITÁVEL NO AGIR E NO FALAR. Deste modo, ganhará um lugar de importância e, onde quer que esteja, terá o respeito de todos. É muito importante e influente a forma de fazer as coisas, conversando, trabalhando e até caminhando ou admirando a paisagem. Com o respeito aos demais e às coisas, terá grande êxito e conquistará corações. Por outro lado, nunca conseguirá admiração aquele que for atrevido, ousado e muito menos aquele que se apresenta como um enfadonho ruidoso. Já aquele que cultiva a autoridade que vem do homem inteligente, agradável e com méritos éticos conseguirá tudo na vida (122).

20.

CULTIVE A ARTE DA CONVERSAÇÃO. Quem o faz é uma grande pessoa. Nada requer mais de nós para cultivar a convivência.

E não existe ponto médio: com ela, ou se perde ou se ganha. Se devemos ter cuidado ao escrever, que nos permite pensar antes, muito mais atenção exige o que é dito de imediato. Os sensatos controlam bem sua língua. Por isso disse bem um sábio: "fale, se quiser que eu saiba realmente quem é". Tendem alguns a soltar a língua livremente na conversação, quando esta deve ser comedida, como a roupa que vestimos fora de casa, entre as pessoas. Deve-se falar com respeito e profundidade, indicando deste modo o quão ponderado se é. Para ser acertado, devemos adaptar-nos em inteligência e cultura com quem conversamos. Não se preocupe em pontificar antes dos demais, indicando-lhes a palavra correta que devem usar, como se fora um gramático. Nem tampouco se comporte como se fosse o sumo juiz do correto e incorreto, pois todos participam da conversação. O falar discreto é melhor do que a eloquência (148).

21.

Faça tudo com inspiração. Isso dará vida aos seus méritos e alento às suas palavras. Coloque alma nas suas ações e realce até mesmo o realçado. As demais virtudes que tenha lhe darão brilho e a inspiração dará lustro a este brilho. Com ela, até o comum se exalta. Isso está acima de todas as disciplinas e livros. Supera a fraqueza e impõe a valentia. A inspiração dá confiança e multiplica seus méritos. Sem ela, toda a beleza está morta e toda a graça é sem graça. Perante ela, são pequenos o valor, a discrição, a *prudência* e até mesmo a distinção. Sob a inspiração, tudo se coloca bem e lhe ajuda a superar qualquer obstáculo (127).

22.

É muito importante que seja virtuoso como parece ser. Nada é lembrado apenas pelo que é, mas também pelo que aparenta ser. Ser virtuoso e saber mostrar, é ser duas vezes virtuoso. O que não se conhece é como se não existisse. Não é venerado quem não tem aspecto de venerado. Não basta ser honesto, tem que parecer honesto. Os enganados que julgam apenas pela aparência são muito mais numerosos do que os poucos sábios que julgam a profundidade. Na sociedade, prevalece o engano e muito é julgado apenas pelo seu exterior. A mostra exterior de virtude é a melhor prova da virtude interior (130).

23.

Duplique tudo aquilo que lhe sirva para ser feliz. É como viver em dobro. Não devemos depender apenas de um conhecimento, ao menos que seja um cientista. Nas áreas de comércio, administração, marketing, recursos humanos e finanças, devemos ser ótimos numa e bons em tudo. Não queira exclusivamente algo, ainda que seja o máximo. Tudo se deve multiplicar por dois, para que o proveito seja dobrado e também em dobro o favor e, ainda, em duas vezes o gosto. Também para ser preventivo devemos dobrar os recursos. Assim como a visão da lua muda nas suas várias fases, também é variável aquilo que depende dos homens, pois a vontade humana é frágil e quebradiça. Para garantir sua vida frente a esta fragilidade, poupe sempre uma reserva que seja o dobro daquilo de que precisa. Esta é a regra de dobrar: dobrar o bem e a comodidade. É o que fez a natureza quando nos deu o dobro de membros. Assim, devemos praticar a arte de dobrar tudo aquilo de que dependemos (134).

24.

Conte sempre consigo mesmo e com a sua inteligência. Dizia um sábio antigo: "todo o meu levo comigo",[20] cujo sentido

20 A frase citada por Cícero em seu livro *Paradoxa Stoicorum* é atribuída a Bias de Priene:, filósofo grego do século VI a.C., considerado um dos sete sábios da Grécia: *omnia mea mecum porto* = "todas as [coisas] minhas [eu] as levo comigo".

maior quer dizer que o mais importante de um homem está no seu interior, em sua mente. Se estudou bem o mundo em sua generalidade e particularidade, quase não necessita de outro que lhe sirva de "pé amigo". Pode-se viver só, se tivermos suficiente confiança em nós mesmos. Quem poderá lhe fazer falta se você conhece a si e o mundo que o rodeia? Dependa sempre de seus próprios recursos e terá a máxima felicidade. O seu *eu* é o seu melhor amigo. Aquele que tem o poder de enfrentar os seus problemas nada terá de tolo, senão todo o contrário: terá muito de sábio e estará muito perto da glória (137).

25.

Encontre a parte boa que existe em qualquer coisa. A sorte está em sua boa disposição, em seu bom ânimo. A abelha busca o mel para alegrar sua colmeia. Já a víbora, o amargo para envenenar. Assim é a vida: alguns buscam inclinar-se para o bem e outros para o mal. Mas sempre pense nisto: não há o que não tenha algo de bom na vida; é tudo como um livro, daqueles que usamos para aprender grandes lições. É tão negativo o espírito de algumas pessoas que, se entre mil coisas perfeitas, encontram uma defeituosa, concentram-se em censurá-la e destacá-la: têm a mente cheia de imundícies da má vontade e a inteligência orientada para o mal. Primeiro, elas veem o mal; segundo, não enxergam mais nada. Dedicados a não ver mais do que defeitos, são seu próprio castigo, pois sofrem, porque seu ânimo apenas se inclina ao molesto. Por ver exclusivamente defeitos em tudo, tais pessoas são o pasto da amargura. Mais feliz é a vida daqueles que, entre mil defeitos, encontram uma perfeição; desfrutam de maior felicidade (140).

26.

Sempre guarde uma reserva. É uma forma de assegurar o importante. Não deve empregar todo o seu caudal, nem mostrar nunca a totalidade das suas forças e dos seus conhecimentos. Ainda que saiba, é obrigatório ser reservado, já que logo surpreenderá, mostrando o dobro das suas virtudes. Sempre se deve ter algo para apelar em caso de aperto. Mais lhe favorecerá ser conservador do que intrépido, porque guardará valores e créditos para os momentos de necessidades. Quem faz com sabedoria e *prudência* caminha pela via da segurança. E, neste sentido também, é muito adequada esta frase antiga: "a metade vale mais do que o todo".[21] (170)

27.

Domine seu próprio tempo, viva sem pressa. Saber repartir é saber desfrutar. Muitos têm vida longa, mas sem felicidade. Maculam seus momentos de alegria em vez de gozá-los e logo querem voltar atrás quando já é demasiado tarde. Convertem o viver numa grande dor e usam o passo do tempo para atropelar-se e sentir-se mal. Querem depois devorar em um dia o que não degustaram em toda a sua existência. Vivem desesperados por serem felizes numa tresloucada carreira, na qual desperdiçam seus anos. Como vão tão depressa, acabam rápido com tudo, inclusive com sua vida emocional e especialmente profissional. Não confie em ninguém que não responda a um telefonema ou a uma mensagem. Quem está sempre ocupado não faz o necessário nem cuida do essencial. Se tiver um subordinado assim, demita-o. Se o seu chefe for assim, console-se e vá devagar procurando outra coisa para fazer. É próprio da sabedoria dominar e controlar

---

21 A frase aqui citada é atribuída a Hesíodo (800 a.C.), um dos dois grandes poetas gregos da Idade Antiga. Juntamente com a de Homero, sua obra constitui um dos pilares sobre os quais se edificou a identidade helênica.

o tempo, ainda que para não vê-lo mal aplicado. Organizados, os dias são longos e podemos fazer muito mais coisas. No gozo do tempo dominado, observe calmamente as horas passarem e as atividades se desenvolverem no seu trabalho. O bom dos desafios é vê-los conquistados e o bom da felicidade é quando ela não se acaba (174).

28.

Aprenda a ser um homem de fundamentos. Aquele que é não confia nos que não são. É muito triste para uma pessoa descobrir que não tem substância, consistência e profundidade. Nem todos aqueles que parecem homens o são: existem os de mentira, que concebem apenas quimeras e engendram "enteléquias".[22] São os superficiais. Estão distantes da realidade e próximos das massas, pois os que seguem a verdade sempre são poucos. Como resultado, em geral, seus caprichos e suas superficialidades lhes saem mal, já que tais pessoas não possuem embasamento naquilo que fazem ou dizem. Na vida vale unicamente a verdade da reputação autêntica, pois é a substância que a sustenta. Uma falsidade requer outras e muitas mais. Assim, tudo o que se diz ou se faz nesta direção é equivocado e, como somente se baseia no nada, no ar, é lógico que logo caia por terra. A mentira nunca chega a envelhecer, pois com suas excessivas promessas se faz suspeitosa e morre. O que requer demasiadas provas vem a ser falso (175).

29.

Com um grão de audácia é possível mostrar a sua inteligência. Deve-se ter um conceito moderado dos demais para não fazer uma ideia tão alta deles de tal modo que os torne invencíveis.

22 Enteléquias, na filosofia aristotélica, representa um estado de perfeição de uma espécie ou ser. Já com as pessoas, é uma coisa imaginária e que não existe na realidade.

Não deixe que os excessos de sua imaginação dominem o seu coração, pois muitos indivíduos aparentam ser grandes e, quando você deles se acerca, percebe a sua pequenez, desenganando-se, perdendo a estima que lhes tinha. As pessoas não são mais do que simples humanos. Todos têm altos e baixos, uns no conhecimento e outros na inteligência. Os altos cargos dão uma autoridade que faz os tolos pensarem que, por ocupá-los, se tornam seres excepcionais, mas na realidade poucos estão equipados com os verdadeiros atributos da grandeza. Em certos casos, a sorte é paradoxal, pois outorga grandes cargos aos pequenos méritos. Então, a imaginação se encarrega de fazê-los verem-se muito grandes. Prudente é usar a razão para desenganar a imaginação e se livrar de decepções, o que é muito difícil, pois quase sempre a fantasia tola vence a temerosa razão. E se alguns homens simples lhe devotam confiança, será mais fácil ganhá-la dos virtuosos, dos sábios e dos notáveis (182).

30.

Alguns tentam mostrar o seguinte: "o bem eu fiz, o odioso é obra dos outros". Tais indivíduos pensam conseguir seguidores com a primeira afirmação e roubar argumentos dos competidores com a segunda assertiva. Mas é preciso ter em mente que, para os grandes homens, fazer o bem é uma grande satisfação, maior do que receber. Para os virtuosos, a felicidade é praticar a generosidade. Quando agimos bem, recebemos um prêmio e um bônus. Entretanto, às vezes, fazemos um bem a um e mal a outro. Mas não atribua a ninguém a parte má, pois isso irá lhe causar descontentamento, levando-o ao ódio e à murmuração contra aquele que se supõe haver feito o mal. Por este crime, será julgado por dois juízes implacáveis: o primeiro será a sua consciência, e o segundo, aquele inocente a quem você atribuiu a culpa. Quando são molestadas, as pessoas têm a velha reação de chutar o cachorro que as mordeu, sem que se deem conta de que elas estimularam o animal a agir assim. É dizer que se desconhece a causa verdadeira do dano e culpar ao instrumento usado, o qual padecerá da pena e do castigo (187).

31.

É MUITO BOM SER CORRETO EM PALAVRAS E OBRAS. Sempre fale a favor do bem e atue com ética: um mostra o seu alto espírito; o outro, o seu grande coração; e os dois somados indicam uma alma superior. É necessário que exista perfeita correspondência entre palavras, obras e fatos, semelhante ao homem e à mulher, que são feitos um para o outro e caminham unidos. Não é de todo mal admirar os outros, mas é melhor que ganhe a admiração. É fácil dizer e difícil fazer, mas o fazer e o falar devem andar sempre juntos. As obras são as coisas mais importantes na vida de um homem e suas palavras o brilho que as embelezam. As palavras voam, os feitos ficam. As boas ações são o fruto de quem sabe pensar. Por isso, as grandes façanhas são próprias dos sábios (202).

32.

FAÇA O FÁCIL COMO SE FOSSE DIFÍCIL E O DIFÍCIL COMO SE FOSSE FÁCIL. Assim manda o bom sentido: o trabalho fácil como se fosse difícil, para que a confiança não lhe conduza ao descuido e este ao fracasso. O que mais pode impedir-lhe de fazer algo fácil é dá-lo como feito, como se não requeresse atenção ou esforço. Pelo contrário, se colocar muita energia para trabalhar o fácil, lhe será duplamente fácil fazê-lo. Diante das tarefas grandes e difíceis, não se detenha a pensar que são grandes e difíceis, pois isso pode exaurir o ânimo para terminá-las. Coloque o mesmo esmerado esforço e atenção no fácil; assim, fará duplamente fácil o que já era fácil. Com esta força tenaz, fará fácil o difícil (204).

33.

Seja alegre em bons tempos e, assim, compensará o pesar dos momentos ruins. Vivemos em um mundo que alterna tempos bons e ruins e fazemos parte de ambos. A sorte é variante: nem sempre teremos felicidade e tampouco a adversidade será permanente. É dizer que a má sorte é ruim, mas quando alternada com a felicidade e a fortuna, ela se faz menos má. O melhor para ser feliz, em face destas variações, é empregar o sereno bom-senso, pois não é inteligente alarmar-se. Vá desenvolvendo-se nesta vida como numa comédia, daquelas sobre a qual todos pensam: terá um final feliz. Se for hábil em gerenciar esta dualidade, será feliz até o último ato (211).

34.

Se não puder vestir-se de leão, vista-se de raposa.[23] Saber ceder a tempo é outra forma de ganhar. Quem se lança e faz um bom intento não perde reputação, ainda que não triunfe. A falta de força cultiva e aumenta a destreza, por um caminho ou por outro, por sua inteligência natural ou pelo artifício aprendido. A habilidade logrou mais vitórias que a força. Mais vezes perderam os valentes que os sábios. O importante é alcançar aquilo que se propõe a fazer, pois não alcançá-lo apenas lhe fará sentir-se mais depreciado (220).

35.

Aprenda a aplicar suas teorias, faça-se um homem prático. Não fique expressando longas teses e especulações sem conseguir colocar em prática uma ideia exitosa nos negócios. Cuide da

---

23 Uma referência ao texto de Nicolau Maquiavel, no livro *O príncipe*: "Sendo, pois, um príncipe obrigado a utilizar-se bem da natureza da besta, deve tirar dela as qualidades da raposa e do leão, visto que este não tem nenhuma defesa contra as redes, e a raposa contra os lobos. Precisa, portanto, ser raposa para conhecer as artimanhas e leão para amedrontar os lobos. Os que apenas se fizerem de leões não terão êxito". Não basta apenas força, é preciso sabedoria.

debilidade dos sábios, que são facilmente enganados porque conhecem as generalidades e se perdem em particularidades: ignoram o viver cotidiano, que é muito precioso. Gastam enorme tempo nos detalhes e deixam passar coisas importantes. Guardam a atenção para as formiguinhas e não enxergam os elefantes. Dedicam tanto tempo para as coisas sublimes que não lhes resta tempo para os detalhes concretos. Lembre-se do dito popular: "o bom é inimigo do ótimo". Embora sejam sábios, ignoram a primeira coisa que devem saber: é por um pequeno detalhe que todos são admirados ou abominados. Se desejar ser um gerente vitorioso, procure ter, ainda que pequena, uma visão prática dos objetos, das ações e das coisas, o bastante para não ser enganado ou ridicularizado. Seja um homem hábil, porque – ainda que a habilidade prática não seja a maior das virtudes – é de grande utilidade na vida empresarial. De que serve o viver sem um sentido prático? O saber viver é hoje o verdadeiro saber (232).

36.

NUNCA DEIXE NADA PELA METADE. Não pare até que tenha terminado aquilo que começou. Alguns levam a vida toda começando coisas que nunca terminam. Isso significa caráter instável, a menos que seja um Leonardo.[24] Pessoas instáveis nunca conseguem admiradores, porque nada terminam. Livre-se do defeito latino da impaciência e tenha a virtude asiática da paciência. Os asiáticos acabam as coisas, os latinos acabam com elas. Os instáveis lutam e transpiram até vencer a dificuldade, mas sem alcançar a vitória de acabar bem: provam que podem, mas não querem. A vontade débil consiste num grande

24 Leonardo da Vinci (1452–1519), por ter sido excessivamente perfecionista, dificilmente acabava os trabalhos que começava. Polímata italiano, uma das figuras mais importantes do Alto Renascimento, se destacou como cientista, matemático, engenheiro, inventor, anatomista, pintor, escultor, arquiteto, botânico, poeta e músico. É ainda conhecido como o precursor da aviação e da balística. Aqui Gracián se refere à genialidade de Leonardo da Vinci dizendo que este poderia dar-se ao luxo de ser "instável".

defeito, como também não refletir se fará ou não algo antes de começar. Se a obra é boa, deve-se acabá-la. Se for má, não deveria nem ter sido começada. Termine, pois, a casa que constrói e não leve a vida toda por terminá-la (242).

37.

PRIMEIRO FAÇA O SEU TRABALHO, DEPOIS DESCANSE E NUNCA AO CONTRÁRIO. Alguns insensatos primeiro descansam e assim terminam em fadiga e cansaço. Aconselho que faça primeiro o principal, que é o trabalho e, depois, se tiver tempo, tenha um tranquilo descanso. Muitos querem triunfar antes de lutar e trabalhar muito. Outros começam estudando o que menos importa e deixam de lado o que lhes daria crédito e recursos. A sua sorte começa quando termina a sua existência. É essencial ter um bom método para saber tirar bom proveito da vida (249).

38.

APRENDA A SER PREVENTIVO COM AS INJÚRIAS E FAZÊ-LAS FAVORÁVEIS. Irá dar prova de inteligência se dedicar-se a evitar injúrias em vez de vingá-las. É mostra de grande destreza converter em homem de confiança aquele que foi seu inimigo, fazer envergonhar-se da sua fama de aproveitador àquele que tenta levar vantagens. Valioso é saber comprometer e não dar ocasião de que o atinja aquele homem a quem deu motivo para lhe agradecer. O segredo de saber viver é converter em prazer aquilo que iria tornar-se um pesar. Transforme em confidente o maledicente e converta em aliado aquele que lhe atacou. Faça isso sempre com muito cuidado e confie em tal pessoa sempre desconfiando (259).

39.

MOSTRE SUA INTELIGÊNCIA FAZENDO NO INÍCIO AQUILO QUE O TOLO FAZ AO FINAL. O sábio e o tolo podem dedicar-se à mesma causa:

um com ordem e o outro sem rumo. Quem colocou o sapato no pé errado tudo o mais fará trocado. Leva nos pés o que deveria levar na cabeça, converte a esquerda em direita e, assim, é confuso naquilo que faz. Apenas percebendo isso será possível saber aonde chega a própria necessidade. Faça pela força aquilo que deveria fazer de bom gosto. Mas o discreto, o sábio, depois que estuda aquilo que há para fazer e quando tarde ou cedo o executa, o fará com ponderação e prestígio (268).

40.

VENDA AS COISAS A PREÇO DE CORTESIA, COMO SE ESTIVESSEM EM LIQUIDAÇÃO. Assim, mais do que o objeto, comprarão o seu afeto. Aquele que sabe ser educado e cortês terá tudo e será pouco aquilo que pediu com respeito ao que daria uma pessoa generosa pelo bom trato que ofereceu. A cortesia brinda e compromete quem a recebe. Por isso, o trato elegante e educado é motivador para quem o recebe, pois depois este irá devolvê-lo. A nobreza obriga. O mais caro para o homem de bem é o que lhe damos, e o seu sentido de justiça o manda compensar. É como vender a preço dobrado. Paga-se por duas coisas: o valor do objeto e a boa educação. É bem verdade que devemos tomar em conta a seguinte lição: para o homem ruim e medíocre, a cortesia é palavrório, pois é pequena de alma e não tem espaço para os grandes sentimentos. Nunca deixe que confundam a sua educação com fraqueza e a sua prontidão com servilismo (272).

41.

CULTIVE OS ATRATIVOS. É um grande êxito ser politicamente cortês e educado. Se não tem muitos atrativos físicos, cultive a cortesia e a educação, assim como o bem-vestir discreto, pois desta forma conquistará vontades e utilidades. No fim, conseguirá tudo a que se propõe. Não lhe servirá de nada ter méritos se não souber agradar as pessoas, pois este é o mais aplaudido e sedutor instrumento da nobreza da alma. Cair nas graças dos outros já é sorte, mas se ainda socorrer-se com os artifícios da cortesia, conseguirá alcançar os seus objetivos, pois se tem bom caráter, lhe será fácil ser cortês. Desta virtude vem à habilidade para alcançar a graça frente a todos os tipos de pessoas (274).

42.

Se por algumas vezes se ausenta, sempre voltará mais forte. Sair de cena no momento exato é útil para fazer que o respeitem por discrição e se intimidem pelo desejo de outrem de vê-lo de volta. Frequentemente, pelo fato de que o vejam tantas vezes intervindo em tudo, sua fama perde importância. É o momento de ausentar-se por um tempo e, ao regressar, poderá verificar que o seu prestígio aumentou. Quem se ausenta se faz grande e excepcional como um leão. Quem insiste na permanência se assemelha ao ratinho comum, que não se destaca entre os muitos existentes no celeiro. Por muito se verem, os seus dotes perdem o brilho; de tanto ver o vermelho da rosa, pensa mais na aparência do que na sua essência e no seu perfume. A imaginação domina a visão e o ouvido engana a mente. E quem está com frequência centrado em ouvidos e olhos perde o brilho que o distingue e se converte em apenas mais um. Conservar-se discreto em sua opinião manterá também a sua reputação. Por isso, a ave Fênix[25] desaparece durante um tempo para fazer mistério e assim faz que a valorizem e a desejem mais, celebrando o seu regresso (282).

25 A Fênix é um pássaro da mitologia grega que, quando morria, entrava em autocombustão e, passado algum tempo, renascia das próprias cinzas. Aqui Garcián faz uma comparação daquele que eventualmente "sai de cena", para depois resurgir, com a Fênix.

43.

PARA INVENTAR: LOUCURA. Para viver: equilíbrio. Alguns criticam os excessos dos gênios criadores, mas pode haver criatividade sem um grão de loucura? A criatividade pertence apenas aos gênios, que vão contra a corrente. A vida prática exige boas escolhas, seja prudente, siga ordens e regras. Escolher bem é para qualquer um. Inventar bem é para poucos, menos ainda se for com excelência e rapidez. A novidade, sim, é atrativa, do duplo brilho ao bom. O criativo é perigoso quando é necessário juízo, pois é uma virtude sua ir contra o habitual. O homem sensato é louvável e acertado. Um e outro são plausíveis. Um inventa e outro decide (283).

44.

EM APENAS UMA PALAVRA: SANTO. É como aconselhar-se todas às vezes. É a maior de todas as perfeições, centro e motivo da felicidade. Se é santo, será prudente, atento, sagaz, concordante, sábio, valoroso, íntegro, feliz, plausível, verdadeiro e herói universal. Três "s" lhe fazem feliz: santidade, saúde e sabedoria. A virtude é o sol do mundo terreno e a sua lua é a boa consciência. É tão linda que leva a graça de Deus e da gente. Não há coisa mais amável que a virtude nem mais aborrecida que o vício. Ela é o verdadeiro, todos os demais são burla. A capacidade e a grandeza devem ser medidas por meio da virtude, nunca pela fortuna. A virtude se basta e sobra. Ao homem vivo, a virtude o faz amável, e ao morto, memorável (300).

Parte 2

O agir com *prudência* e comedimento

"Seja equilibrado e sóbrio, dispa-se de suas paixões. Controlar seu estado de ânimo é sua maior qualidade como pessoa"

"Sabedoria e valor, juntos, dão grandeza ao homem" (GRACIÁN, 1993). Repare que fortunas e grandes empresas foram construídas por pessoas com essas características.

Qual é a razão de não seguirmos a história? Melhor: por que devemos pensar no futuro com os exemplos da história? O passado nos favorece com duas importantes informações: não cometer os mesmos erros e nos dar grandes lições de vida. Ensina o velho professor aos que querem ter sucesso: leiam biografias.

Ser sábio e possuir valores: ambas qualidades imortais conferem eternidade a quem as tem.

Mas se você pensa que o comedimento e a *prudência* estão associados à lerdeza, terá cometido um ledo engano. Pior ainda se imagina que essas qualidades o afastarão da criatividade e do arroubo empreendedor que marcam a personalidade dos vencedores. Os japoneses, coreanos e chineses são, por natureza, prudentes e comedidos. Precisa dizer mais?

Os conselhos que se seguem falam de valor, paixão, ardil, comedimento e empreendedorismo, mas combinados. São essas as qualidades que tipificam o vencedor. Quanto mais combinar esses atributos, mais admirado você será e maior sucesso terá alcançado, pois o sábio e prudente tudo alcança.

Entretanto, devemos saber usar a sabedoria e a força, os olhos e as mãos, a valentia e a obstinação, mas todas essas qualidades, sem o valor, são estéreis, pois um homem sem *prudência* e "ardor é como um quarto às escuras" (GRACIÁN, 2007), um livro sem ser aberto.

1.

Conduza os assuntos e os negócios sempre criando suspense. Aqueles a quem surpreender com sua criatividade sempre estimarão e respeitarão suas ações. Jogar com todas as cartas à mostra não é útil, nem de bom gosto. Não revelar prontamente suas estratégias cria suspense, especialmente quando a importância do seu cargo dá lugar a que todos estejam atentos aos seus atos. Faça ver mistérios no que faz e isso irá possibilitar que o venerem. Não obstante que esteja se esforçando por se fazer entender, é preciso criar certo suspense. No trato pessoal, não se deve mostrar por completo o nosso interior. O silêncio recatado é a parte mais sagrada da sabedoria. Não esgote a discussão colocando tudo sobre a mesa. Dê tempo para que a sua ideia possa ser questionada. Pois, se ela for facilmente entendida, será duas vezes mais difícil defendê-la. Imite, portanto, o poder divino, que tem sempre um mistério, obrigando ao homem dar-lhe contínuo amor e atenção (3).

2.

Tenha diferentes estilos para que não saibam qual será o seu próximo passo. Os vencedores são surpreendentes, pouco previsíveis. Não aja sempre do mesmo modo; caso contrário, todos saberão de antemão o que vai fazer, pois notam a sua uniformidade no agir e tomarão precauções, frustrando suas ações. Rommel,[26] o general preferido por Adolf Hitler,[27] era brilhante, mas previsível e sistemático; por isso,

26 Erwin Johannes Eugen Rommel (1891–1944), conhecido popularmente como "A Raposa do Deserto", foi um marechal de campo do exército alemão durante a Segunda Guerra Mundial. A história ensina que, embora ele fosse um general brilhante, tinha comportamento metódico e previsível.

27 Adolf Hitler (1889–1945) Líder do Partido Nacional Socialista dos Trabalhadores Alemães, também conhecido por Partido Nazi ou Nazista, uma abreviatura do nome em alemão (Nationalsozialistische). Hitler se tornou chanceler e, posteriormente, ditador alemão. Provocou a Segunda Guerra Mundial.

Montgomery[28] o derrotou em El-Alamein.[29] É muito fácil abater uma ave que segue voo sempre em linha reta, sem desviar-se. Não aja todo o tempo com segundas intenções, porque logo descobrirão o seu ardil quando repetir a atividade. Espere sempre a malícia, pois é preciso grande sutileza para vencê-la. Faça como o sagaz jogador de pôquer,[30] que nunca lança um olhar que o adversário espera e, muito menos, deseja (17).

3.

Seja equilibrado e sóbrio, dispa-se de suas paixões. Controlar seu estado de ânimo é sua maior qualidade. Tal procedimento é tão importante que pode salvá-lo de ser arrastado a pequenas e vulgares impressões. Não há maior propriedade ou ativo para um homem do que adquirir o domínio sobre si mesmo e, sobretudo, sobre suas emoções, pois é daí o triunfo em qualquer profissão. E quando a paixão e o arroubo irromperem, não se atreva a agir: espere que passem e recobre o domínio sobre si mesmo, suas palavras e seus atos. Aja menos quando estiver em momentos de grande emoção, paixão ou raiva: é um modo sutil de economizar dissabores e desgostos e, mais ainda, de evitar que algo afete o seu trabalho e a sua reputação (8).

---

28 Marechal Bernard Law Montgomery, 1° visconde Montgomery de Alamein (1887–1976), oficial militar britânico durante a Segunda Guerra Mundial, por vezes referido como "Monty".

29 A Batalha de El-Alamein será sempre lembrada como o início da derrocada das Forças do Eixo (Alemanha e Itália) na África do Norte e um dos marcos decisivos na Segunda Guerra Mundial. A vitória britânica em El-Alamein levou o primeiro-ministro inglês, Winston Churchill, a afirmar que "este não é o fim, não é nem o começo do fim, mas é, talvez, o fim do começo".

30 Pôquer, jogo de cartas praticado por duas ou mais pessoas, muito comum em cassinos. É o mais popular de uma classe de jogos nos quais os jogadores, com as cartas escondidas (total ou parcialmente), fazem apostas para um monte central, após o que o resultante das apostas é atribuído ao jogador ou aos jogadores que possuírem o melhor conjunto de cartas nas mãos entre os que permaneceram na rodada ou ao jogador restante, caso os outros tenham desistido do lance. Como é um jogo de blefe, jogadores costumam usar óculos escuros, para que não tenham suas intenções percebidas pelos seus adversários.

4.

A realidade é dura e cruel. Trate de conduzi-la com boas formas. Não basta a substância, há que se ver a circunstância! Se não há um bom modo de dizer ou fazer tudo se perderá ainda que haja razão e justiça orientando os seus propósitos. Aquele que se mostra bom cura todos os males: torne o "não" dourado, induza com bons modos a verdade e embeleze até mesmo a velhice. Em qualquer situação ou circunstância há grande importância do "como". A boa maneira de agir funciona de modo idêntico a de um mago que deslumbra a sua plateia. O comportamento correto é a gala de viver e leva tudo a bons termos e finais felizes (14).

5.

Combine o conhecimento certo com a intenção correta. Juntos, estes dois atributos asseguram produtivos acertos. Pois se o conhecimento e a má vontade se juntam, produzem uma monstruosa violência. A intenção malévola é um veneno que causa danos às qualidades dos homens e, auxiliada pelo conhecimento, a maldade é maior. Os mal-intencionados são perigosos, mas se forem competentes são ainda mais temíveis. Infeliz eminência é aquela que se coloca a serviço do mal. Ciência sem bom-senso significa loucura em excesso (16).

6.

Reputação é tudo. Tenha cuidado para não manchá-la e, sobretudo, para não perdê-la. Este é o risco das virtudes. Poucos vivem sem um defeito moral de sua própria natureza e por ele se desesperam, mas com inteligência podem curá-lo facilmente, principalmente se buscam desenvolver o lado bom que sempre existe. É de se lastimar que alguns homens, mesmo tendo uma grande quantidade de virtudes, percam seu prestígio por um minúsculo defeito. A boa reputação demora séculos para ser construída e segundos para ir ao chão. Basta uma pequena nuvem para eclipsar o sol. Coloque sombra em sua reputação, em especial onde é fixada pelos mal-intencionados. A destreza para vencer é a busca incessantemente do defeito para convertê-lo em virtude. Aprenda com os grandes; César[31] conseguiu transformar em louros seus enormes defeitos naturais (23).

7.

NÃO SE DEIXE DOMINAR PELA IMAGINAÇÃO. Procure corrigi-la e freá-la algumas vezes e, em outras, ajudá-la ou impulsioná-la, dependendo de qual melhor se ajusta à sua inteligência e *prudência*. Sua imaginação pode tornar-se tirana, mesmo inimiga, se – em vez de conformar-se com a fantasia interior – o impulsiona a agir baseado em fatos imaginários, na maioria das vezes inexequíveis. Então, a imaginação pode fazer sua vida fácil ou difícil, segundo o rumo ou a paixão que tomar, fazendo que seja demasiado deprimido ou satisfeito consigo mesmo. Em qualquer caso, é fantasia e lhe produzirá grandes penas, convertendo-se num verdugo. Muito dano pode ser causado pela imaginação não dominada com juízo reto e prudentíssimo (24).

8.

APRENDA A SER BOM ENTENDEDOR. Antes, é preciso saber escutar, prestar atenção. Os arrogantes perdem a melhor parte da ideia, pois lhes falta a faculdade de procurar entender. Os arrogantes são surdos, alguns cegos. A arte, entre as artes,

31 Caio Júlio César (100–44 a.C.) Patrício, líder militar e político romano. Desempenhou um papel crítico na transformação da República Romana e no Império Romano. As suas conquistas na Gália estenderam o domínio romano até o oceano Atlântico. Aqui, em sentido figurado, Gracián o cita porque, embora César tivesse grandes defeitos, sabia controlá-los.

sempre foi o saber argumentar, razoar. E não basta, é mister saber usar a intuição e ainda mais quando se pretende evitar erros e enganos. Nunca chegará a ser sucesso aquele que não seja intuitivo. Existem mestres em "cantar a jogada" e verdadeiros linces que adivinham as intenções das presas. As verdades mais necessárias de conhecer chegam sempre em meias palavras e, por isso, é necessário recebê-las com muita atenção, para então deduzi-las e entendê-las. Se descobrir boas intenções, acredite nelas; se forem odiosas e maldosas, desconfie e ataque (25).

9.

Não seja vulgar nem excessivamente teatral, risível ou colorido. Não se deixe levar pelo gosto. É muito prudente controlar e dissimular os instintos. É um grande sábio aquele que se cuida e prefere o normal. Demasiados aplausos não satisfazem ao homem cuidadoso. Alguns são tão camaleões que, para alcançar a popularidade, se comprazem com um superficial elogio. Que o seu entendimento das coisas e dos gostos não se confunda com as falsas maravilhas do vulgar e das simples aparências. Se deixar-se seduzir pelas necessidades das pessoas comuns, terá grandes e tristes desenganos (28).

10.

Seja íntegro. Trate de estar sempre ao lado do razoável, mas com firmeza de propósito não deixe que nem a paixão mais forte, nem a violência fugaz o obriguem a ultrapassar as vias da razão. Nunca seja este Fênix do equilíbrio, que tem em pouca conta a integridade, a qual é celebrada por muitos, mas seguida por alguns, apenas até desafiar o perigo. Os falsos a negam e os políticos a dissimulam. Ela não se importa em se chocar com a amizade, com o poder e ainda com a própria conveniência; a propósito, este é o momento quando mais sentimos vontade de abandoná-la. Os astutos a manipulam com argumentos aparentemente plausíveis; falseiam, alegando razões de força maior e de interesse nacional. Mas o homem firme considera uma traição a dissimulação da integridade. Apreciamos mais o homem pela sua tenacidade que por sua sagacidade. Fique sempre ao lado da verdade; na dúvida, sempre fale a verdade. E, se tem diferenças com os demais, isso não é por inconstância sua, mas deles, que abandonaram a integridade (29).

11.

Quando ganhar fama, não pense que tem um valor excepcional. Não deixe a fama fazê-lo arrogante, esquecer os amigos ou pisar nos menores. Sobretudo, não faça excentricidades, pois estas servem mais para depreciá-lo do que para trazer-lhe simpatia. São muitas as formas do capricho e de todas deve fugir o homem, principalmente o executivo prudente. Existem gostos exóticos que são sempre repudiados pelas pessoas razoáveis, mesmo os de um simples "enochato". Evite atos que sejam mais motivos de risos do que de admiração. Ainda que exibindo o seu conhecimento ou sua capacidade, não ultrapasse os limites, muito menos com o que ridiculariza e conduz ao descrédito, principalmente se tem uma posição superior, pois os subordinados têm a capacidade de rir para dentro (30).

12.

Descubra sua virtude principal. Deve saber em qual profissão, esporte ou atividade é mais capaz; cultive e use esta qualidade para ajudar os demais. Qualquer um pode conseguir sucesso, se descobrir qual é sua vocação. Conheça sua virtude principal e aplique-se nela; uns se destacam pelo bom juízo, outros pelo valor, alguns mais pela capacidade de conduzir e gerenciar pessoas. Outros, ainda, por obter resultados. A maioria não faz caso dos conselhos de sua inteligência não conseguindo alcançar o êxito. Quem ignora suas razões e se leva por paixões, com o tempo, conhecerá o amargo fracasso (34).

13.

ESTUDE QUANDO E ONDE DEVE ALCANÇAR A RIQUEZA, PARA AGIR E EMPENHAR-SE EM ADQUIRI-LA. O conhecimento de seu temperamento e a técnica são importantes, mas o foco e o momento oportuno para alcançar a riqueza são essenciais. Não deixe o tempo passar nem sua juventude desaparecer, para então começar a perseguir a fortuna, pode ser muito tarde. É preciso ter muita arte para manejá-la e, esperando-a, alcançá-la, pois a riqueza é caprichosa e muito difícil de dominar. Leva tempo e requer perseverança. Observe que os "outros" enriquecem fácil e rapidamente, mas conosco a obstinação e a paciência sempre serão requisitos. Mas se a riqueza lhe for favorável, siga-a com soltura, pois ela tanto pode apaixonar-se pelos jovens como pelos idosos. Se lutou muito e já não há como alcançá-la, não se desespere, para que não tenha dupla infelicidade, por lutar muito e não conseguir seus objetivos. Mas se já chegou à fortuna, siga adiante (36).

14.

PONDERE: TUDO SOBE ATÉ UM PONTO E DEPOIS DESCE. Tudo o que existe se eleva ao ponto mais alto de sua perfeição e, até aí, é ganância, mas logo começa a descer e a se tornar perda. A única exceção à regra é a obra de arte, pois quando o artista a termina todos se detêm e a admiram; ela permanece num ponto, não melhora nem piora. Demonstrações de inteligência e de bom gosto se gozam ponto por ponto. Cada obra produzida deve ser apreciada, desfrutada, até a sua culminação. Nem todos sabem, nem podem fazê-lo. Até nos frutos do seu entendimento existe um ponto de maturidade; é bom que o conheça para que o ignore ou aproveite, nos limites do seu arbítrio (39).

15.

Faça uso, não abuso, da premeditação. Não se deve manifestar e muito menos dar a entender que é um homem incrédulo e esquivo. Deve-se encobrir sempre estes aspectos para que não lhe tenham medo. Todos odeiam saber que é desconfiado e não acredita em ninguém. Mas cuidado, pois existe muito engano. Multiplique seu receio sem que ele apareça, ocasionaria desconfiança. Esta pode, provocar desejos de vingança e outros males inimagináveis. Guiar suas ações com reflexão é uma grande vantagem. Não existe melhor argumento para suas palavras. Suas ações sempre serão realizadas com maior perfeição se as basear em prévia meditação (45).

16.

É muito importante saber escolher. Geralmente, disto dependerá a sua vida. Fundamente-se no bom juízo e no pensar correto, para os quais não bastam inteligência e estudo. É necessário, sobretudo, discernimento. Sem ele não existe capacidade para escolher o melhor. Homens de muito conhecimento, competência e sagacidade, de juízo exigente, estudiosos e inteirados, perderam-se no momento de escolher. Aqueles que não desenvolvem esta qualidade se enredam com o pior de tal forma que parecem estar amarrados ao erro. O bom discernimento é um dos mais altos dons que podem ser adquiridos para se vencer na vida (51).

17.

Aprenda a ser diligente e inteligente. O homem inteligente executa com rapidez aquilo que pensou com calma. A pressa é paixão dos tolos, pois como não sabem dedicar tempo a pensar antes, agem sem prestar atenção e erram. Os sábios, ao contrário, às vezes cometem o pecado de serem lentos, mas do muito cuidado nasce a observação descobridora de detalhes. Entretanto, lembre-se: tampouco pode ser demasiado lento, porque a decisão pode perder sua eficácia, por ter tomado a ação tarde demais. A ação em tempo é a mãe da sabedoria. Fez muito aquele que não deixou nada para amanhã. O virtuoso é aquele capaz de correr para chegar a tempo e ir devagar para chegar sem tropeços (53).

18.

Deve ter paixão e *prudência*, mas combinados. A um leão morto até as lebres se atrevem a molestar. O homem valoroso não deve tolerar burlas. Se ceder ao primeiro que o desafia, terá que anuir ao segundo e assim sucessivamente, até o último. Deste modo, é preciso enfrentar ao primeiro que burle, pois é melhor vencer cedo que tarde. O ímpeto da mente é mais poderoso que o do músculo. É como uma espada afiada: é bom que esteja sempre dominada pela *prudência* e só deve ser usada quando uma ocasião especial a demande. A *prudência* lhe permitirá ver claramente o que se passa, proporcionando um resguardo pessoal. Entretanto, isso tudo causa mais danos ao ânimo pessoal que ao corpo do indivíduo. Muitos foram fortes, mas ao faltar-lhes este alento interior acabaram sepultados. É necessário ter as duas coisas, porque – não sem inteligência – a natureza juntou na abelha a doçura do mel e o poderoso ferrão. Que os nervos e músculos do seu corpo não se abrandem pelo desânimo (54).

19.

Será mais confiável se for daqueles que pensam. Pense rápido e, assim, pense bem. O que pronto se faz pronto se desfaz, mas aquilo que há de durar uma eternidade deve durar outra para fazer. Não aspire senão à perfeição, pois só o acertado permanece. O entendimento profundo alcança o perene. Aquilo que muito vale muito custa. Sempre o mais precioso dos metais é o mais raro e difícil de encontrar (57).

20.

SEJA UM HOMEM DE RESPEITO EM SUAS DECISÕES. Menor erro é uma tarefa mal executada do que a falta de decisão. É mais desejado errar do que não fazer. É melhor que o rio corra pouco do que ser represado. Existem homens indecisos que necessitam de outros ou de situações que os impulsionem em tudo. Aqueles que impedem estão por todos os lugares. E, às vezes, esta postergação não se atribui a que sejam torpes, pois muitos deles são inteligentes, mas tudo se deve à insegurança pessoal. As grandes dificuldades podem ser desagradáveis, mas muito mais difícil é não encontrar saída para pequenos inconvenientes. Em troca, existem outros homens que nunca tropeçam, são muito decididos e determinados. Têm vocação para enfrentar grandes tarefas e, ademais, sua clara compreensão lhes facilita o acerto e a decisão. Tais homens encontram tudo tão fácil que, em poucos segundos, fazem um mundo e lhes sobra tempo para fazer outro. E assim estão seguros em sua felicidade e realização profissional. Atuam com mais segurança (72).

21.

É MUITO BOM SER UMA PESSOA AGRADÁVEL, MAS COM INTELIGÊNCIA. E se também tem moderação no ânimo e nas paixões, será um virtuoso. Um pouco de bom humor a tudo melhora. Os grandes homens sabem jogar com destreza, que mostra o dom da graça, mas levando sempre os ares da *prudência* e rendendo culto ao decoro. Existem muitos que se julgam gracejadores, mas ficam mal com seus pares e subordinados, pois alguns interpretam suas frases como burlas ou tolices, o que às vezes é verdade. Entretanto, um gracejo inteligente e moderado conquista corações. Na dúvida, fique calado; fazer gracejos é para poucos (79).

22.

NUNCA CHEGUE AO EXTREMO, NEM NO BEM, MUITO MENOS NO MAL. Moderação[32] em tudo, *meio-termo*, disse um sábio para resumir em duas palavras toda a sabedoria do mundo. Qualquer coisa que ao extremo se torce, como a laranja que muito se espreme, chega a tornar-se amarga. Nem sequer nos prazeres devemos ser exagerados. A mesma inteligência se esgota se a pressionam em demasia e tirará sangue por leite aquele que ordenhar ao extremo (82).

23.

"CONHECE-TE A TI MESMO".[33] Não poderá nunca dominar-se aquele que não tiver compreensão de si mesmo em inteligência e saber, em ordens e amores. Os espelhos rapidamente reconhecem seu rosto, mas não existem espelhos da alma: seu único caminho para conhecê-la é uma cuidadosa reflexão sobre si. Podemos nos esquecer da forma do rosto, mas nunca devemos esquecer de como é a alma, o interior, para que possamos nos emendar e melhorar nossas faltas. Convença-se de que a *prudência* lhe faz forte e ponderado em suas ações, enquanto a ira o escraviza (89).

---

32 Todos aqueles que escrevem sobre a vida e o comportamento, de uma forma ou de outra, recomendam moderação, assim como o fizeram grandes personalidades do passado, tais como Goethe, Tácito, Cícero ou Confúcio. "O mestre disse: quem se modera raramente se perde" (Confúcio).

33 O aforismo "conhece-te a ti mesmo" teve uma variedade de significados atribuídos a ele na literatura: antigo Egito, Platão, etc.

24.

Aja apenas quando estiver seguro de não ser imprudente. Aqueles que o "enxergam", ao gerenciar e agir podem notar sua insegurança, principalmente se forem seus competidores, e isso não é bom. Se agir ao calor da paixão, logo verá o erro. É perigoso executar ações em momentos de incertezas. Deve-se verificar se é prudente ou não fazê-lo. Se estiver em dúvida, pare e pense. Neste caso, é melhor não fazer nada. Nunca duvide de agir com *prudência*: sempre caminhe à luz da razão. Poderá sair bem um propósito do qual não esteja certo desde o princípio? Se tomar uma decisão marcada por discrepância, é muito possível que esta o conduza à derrota. Que outra coisa pode-se esperar daquilo que começou titubeando na mente e contém uma má suspeita daquele que a ditou? Saiba dosar tudo, pois a indecisão é a alma do fracasso (91).

25.

Muito importante na vida profissional é saber ponderar bem as coisas. A ponderação é o trono no qual se assenta a razão e o lugar de honra da *prudência*. Tê-las é como haver recebido o principal presente dos céus, pois é altamente desejado por todos. É tão importante a ponderação que sempre se nota sua ausência quando está em falta para alguém. O bom ou o mal das ações da sua vida dependerá de conseguir ponderá-las ou não, pois tudo há de ser meditado, medido, estudado e só depois aplicado. A chave está em converter tudo num costume, num ato natural, como aquele de trocar a marcha do carro. Anote isso, pois a ponderação sempre o conduzirá ao acerto (96).

26.

Tenha muito cuidado quando for necessário ser atrevido. As necessidades sempre surpreendem a todos, pois o tolo é audaz no atrevimento. Sua torpeza não o adverte de que destoará com sua conduta e isso lhe tira a vergonha e a timidez de expor-se ao ridículo. Em troca, o homem de *prudência* entra com grande cuidado. Seus escudos são a advertência e o recato. Assim, ele vai observando e descobrindo o que se passa no ambiente, para então atuar com o mínimo de risco. Todo atrevimento que careça de reflexão está condenado a dar errado, ainda que talvez o salve de um azar venturoso. Convém nadar com cuidado em águas habitadas por jacarés. Vá entrando devagar e ganhando terreno com *prudência*. Existem grandes confusões no trato com os homens. Convém sempre ir jogando a sonda para orientar-se (78).

27.

ADAPTE SEU COMPORTAMENTO E MODO DE VIDA COM AS CIRCUNSTÂNCIAS. Se tem sabedoria e está num lugar onde não se requer mostrá-la, comporte-se como se a ignorasse. Os tempos e as circunstâncias são mutáveis; portanto, evite viver no passado, senão – além de se mostrar aborrecido – os outros perceberão que está fora de moda e é descartável. Descubra qual é o gosto de cada um em cada caso e quais são a hora e o tempo próprios para, então, adaptar-se no momento adequado. Mostre sabedoria adaptando-se ao presente, ainda que o passado lhe pareça melhor. E continue assim em assuntos íntimos, sociais e, especialmente, nos profissionais. Não exagere falando em demasia sobre os seus feitos na empresa, as grandes batalhas que você heroicamente venceu ou relembrando como era melhor antigamente. Apenas na bondade e na moral valem estas regras, pois em todos os tempos deve-se praticar a virtude. Por exemplo, agora parece uma norma antiga dizer a verdade e cumprir com a palavra empenhada, mas os homens que dizem a verdade e cumprem a palavra serão sempre apreciados em qualquer tempo. É lamentável, entretanto, que poucos o imitem. Grande norma: viva como possa, ainda que não seja o que queria para si. Aprecie mais aquilo que lhe deu a vida do que aquilo que lhe negou a existência (120).

28.

NÃO É ERRADO SE ENGANAR OU COMETER EQUÍVOCOS, ISSO SE DISSIMULA E CONSERTA-SE. Seja discreto com seus afetos e dissimulado com os seus defeitos. Todos nos equivocamos, mas apenas os habilidosos sabem retificar seus erros, enquanto os tolos fazem os seus ainda maiores. Ganha-se mais sendo dissimulado com os próprios defeitos do que destacado por seus feitos. Se não é casto é cauto, porque as faltas e os enganos dos grandes notam-se mais facilmente que seus méritos. Aos seus próprios amigos, tenha cuidado de mostrar seus defeitos. Em sua intimidade, trate urgentemente de retificar suas faltas, pois se não o fizer irá logo esquecê-las e, como todos sabem, não se vive muito com isso; ninguém engana para sempre (126).

29.

SE PUDER DOMINAR A PAIXÃO, APAIXONE-SE. Se for possível, use a reflexão consciente como freio ao instinto do ímpeto. Isto não é difícil para aquele acostumado a ser prudente. A primeira regra para aprender a apaixonar-se é ter clara consciência de que se está apaixonado no mesmo instante. Deste modo, irá adquirir o senhorio e o domínio dos seus afetos e desafetos, de seus amores e ódios, tateando para levar sua emoção apenas ao ponto conveniente, talvez chegando à moléstia, mas não mais que isso. Combinada com este superior pensar, entra e sai a ira, sem causar danos. Aprenda a controlar-se bem e a tempo; o mais dificultoso da corrida é parar. Pessoa de grande juízo é aquela que logra conservar-se sóbria, mesmo nos transes de loucura. Todo excesso de paixão destrói o razoável. Mas se adquirir a magistral atenção para observar a si mesmo, nunca irá atropelar a *prudência* nem preterir a ponderação. Para exercer a arte da paixão, é necessário sempre ter à mão as rédeas da atenção; agindo assim, será o primeiro homem razoável que cavalga sobre o potro selvagem da paixão, sem cair (155).

30.

PENSE DUAS VEZES ANTES DE AGIR. É melhor seguir certas regras do que agir ao acaso. As ações impetuosas e impensadas são um passo para o fracasso. Corre mais risco de falhar num instante de fúria e ímpeto do que em muitas horas de meditação. Por querer resolver demasiadamente rápido alguma coisa, pode passar a vida lutando contra um problema. Os astutos sempre tentam lhe provocar para ver sua reação e, assim, conhecê-lo e dominá-lo. Se for daqueles que se precipitam, evite que o astuto conheça esta fragilidade, pois ele tratará de usá-la, cada vez com mais frequência, para desesperá-lo e vencê-lo. Responda sempre pensando e repensando. Não importa quanta pressa lhe peçam, tome todo o tempo necessário antes de dizer ou decidir. Apenas uma boa quantidade de reflexão serve de freio para evitar que uma situação fuja das suas mãos; só conhecimento e cautela permitem montar o cavalo xucro sem cair. Quem imagina o perigo vai com calma e cuidado. A palavra pode ser leviana para quem promete, mas é pesada para quem recebe e pondera. Assim, há que se avaliá-la bem antes de proferi-la, para que não se torne um fardo tê-la dito (207).

31.

SUA SERENIDADE EVIDENCIA A SUA *PRUDÊNCIA*. A língua é como uma fera: depois de solta, é difícil de encarcerar. Piora com a idade. Ela é o pulso da alma e por ela os sábios conhecem a sua grandeza ou pequenez. Na expressão da língua aparece o que está guardado no coração. Os males da alma, suas penas e seus ressentimentos são os primeiros sentimentos mostrados pela língua quando se começa a falar, quando deveriam ser os que ela mais cuidaria de guardar. Por isso, o sábio evita os embates e conflitos e nos mostra o quanto é senhor de si, o quanto consegue dominar-se. Aja sempre como o homem que tem sabedoria, que sempre está circunspecto, ensimesmado, comedido, sereno e equidistante, semelhante ao deus Jano,[34] que não se apaixona, pois cuida de ambos os lados: da paixão e da *prudência*. Seja um homem cuidadoso, que, como Argos,[35] olha e examina antes de seguir. Comporte-se como a deusa Momo,[36] que deseja que os homens tenham uma janela no peito, para ver os sentimentos levados nos seus corações e, assim, melhor controlá-los com serena ponderação (222).

32.

FALE COM *PRUDÊNCIA*. Seja cauteloso com os demais e ganhará fama de sujeito decente. Tenha todo o tempo para lançar a palavra, mas nenhum para devolvê-la. Lembre-se: depois de dita, é impossível recolhê-la. É como a pedra depois de atirada. Fale como nos testamentos, que quanto menos palavras têm, mais efeitos produzem. Aos detalhes menores, deve-se

---

34 Jano, deus romano que deu origem ao nome do mês de janeiro. Porteiro celestial, sendo representado com duas cabeças. Aqui Gracián se refere ao personagem mitológico cuja característica é poder olhar as coisas duplamente.

35 Argos, na mitologia grega, é segundo vários autores, o quarto rei de Argos. Sua mãe, Níobe, foi a primeira mortal a ser possuída por um deus. Aqui Gracián o cita pela cautela.

36 Na mitologia greco-romana, Momo (nome feminino) é uma das filhas de Nix (Nix é a deusa da noite). Conta a mitologia que Momo foi convidada para avaliar a criação de três deuses: Atena, Posseidon e Hefesto. Criticou Atena por ter criado a casa, pois devia ter rodas de ferro em sua base, para que o dono pudesse levá-la quando viajasse. Zombou de Posseidon, deus do mar, por ter criado o touro com os olhos sob os chifres, quando aqueles deviam estar no meio, para que ele pudesse ver suas vítimas. Por fim, criticou Hefesto, ferreiro dos deuses, por ter fabricado Pandora sem uma porta em seu peito, para que se pudesse ver o que ela mantinha oculto em seu coração.

dar importância, isso para não falhar no essencial. O muito falar lhe fará convencido e vencido. Existe algo de místico no silencioso. É divino saber calar-se quando é devido (160).

33.

Tenha a humildade de escutar aquele que sabe e deseja lhe aconselhar. Sem conhecimento não se pode viver: ou se tem sabedoria própria ou se toma emprestada. Existem pessoas que ignoram tanto que não sabem que realmente acabam não sabendo. Já outras, de tão ignorantes, pensam que sabem, sem saber. Sofrem grandes males, pois como o ignorante não sabe o que é, nunca busca remédio para sua falta. Muitos seriam sábios se tivessem consciência de que não o são. Quase ninguém aconselha para que se tenha *prudência* e muito poucos pedem este tipo de conselho. Entretanto, nada se perde em buscar ajuda e pedir conhecimento ou sabedoria de outros, pois não diminui a grandeza de ninguém nem tampouco coloca em dúvida a capacidade do aconselhado. Ao contrário, quem busca conselho se prestigia. Se é o chefe, não precisa saber tudo, mas saiba escolher pessoas que saibam. Escute e debata as razões, para que não seja derrotado no infortúnio e na necessidade.

34.

Dê apenas uma parte da verdade. Não há nada que requeira mais cuidado do que dizer a verdade, que também significa abrir o coração. Mas lembre-se de que nunca deve mentir. Tão necessário é saber dizer como é calar. Com apenas uma mentira que diga, perde toda credibilidade. Se ao enganado se considera torpe, ao enganador o falso, o que é muito pior. Nem todas as verdades podem ser ditas: umas porque lhe afetam e outras porque afetam outrem (181).

35.

NÃO ARRISQUE TODAS AS SUAS FICHAS APENAS NUMA JOGADA. Se não se sair bem, perde tudo o que tem, e o dano é irreparável. Com frequência, é provável errar na primeira tentativa, pois nem sempre está em suas melhores condições. Já se tem dito que existem ocasiões em que "este não é o seu dia". Deixe sempre recursos para uma segunda partida e ela o salvará da possível perda da primeira. E se acertar na primeira, poderá dizer que ganhou duas vezes: a primeira salvou a segunda e salvou a si mesma. Sempre se deve guardar uma reserva para recuperar-se em caso de perder e, assim, ter uma poupança de onde sacar o necessário. Tudo depende do azar e é raro que tudo saia bem desde o princípio (185).

36.

APRENDA A SER PREVENIDO. Guarde sempre alguma coisa para o amanhã e, se for possível, para depois de amanhã. É importante criar as condições para se prevenir; se não o fizer, nunca poderá enfrentar os imprevistos das situações difíceis. Não espere entrar em dificuldade, pois tem que vislumbrá-la com antecedência. Apenas com uma reflexão madura poderá livrar-se do mau momento. O travesseiro é o seu conselheiro mudo; assim, se diariamente, antes de dormir, refletir sobre seus assuntos, não terá que esconder a cabeça embaixo dele quando o problema chegar. Alguns agem e depois pensam e, por isso, passam toda a vida procurando desculpas para as más consequências. Outros não pensam nem antes nem depois. Passam todo o tempo sem encontrar o rumo. A meditação e a economia de recursos lhe dão domínio do amanhã no dia de hoje (151).

37.

NÃO SE FIE EM MUITA CORTESIA. É uma espécie de engano. Existem muitas pessoas que, para enfeitiçar, não necessitam das ervas da Tessália,[37] pois com um aceno ou cumprimento cortês encantam e seduzem os tolos, digo: os esvanecidos e desvanecidos. Colocam preço na sua honra e a compram por umas simpáticas palavras. Muitos lhe prometem de tudo, quando no fundo de suas almas planejam não cumprir nada. A cortesia verdadeira é feita porque nos sentimos no dever de fazê-la. A que se expressa por cumprimentos é um engano. Pior ainda é a cortesia exagerada, desusada, desacostumada: "olá, meu irmão". Longos abraços e beijos no rosto são coisas fúteis e desnecessárias; desconfie destas pessoas. Não são mostra de decência, mas de dependência. Não faça reverência à pessoa, mas à sua capacidade. Combina-se com a lisonja que não se elogia as virtudes que se vê, senão o benefício que se espera (191).

38.

É CONVENIENTE TER A VIRTUDE DE EXPLICAR AS COISAS COM CLAREZA E PRECISÃO. Desta forma, você terá a satisfação de expressar aquilo que realmente sente e comunicar bem seus conceitos e pontos de vista. Alguns concebem bem, mas sabem parir muito mal. É o mesmo que dizer que fazem bons trabalhos, mas não sabem explicá-los. São como aqueles cofrinhos que comportam muitas moedas, mas tornam praticamente impossível retirá-las sem quebrar a peça. Outros, ao contrário, dizem mais do que sentem e falam mais do que devem. Tão importante como ter vontade firme é a clareza da explicação para um bom entendimento: este é um dos grandes tesouros da inteligência. Aqueles capazes, cultos, claros e

37 A Tessália é uma região da Grécia, localizada na parte central do país. Limita-se com a Macedônia ocidental e central ao norte, com o Épiro a oeste, com a Grécia central ao sul e com o mar a leste. Nessa região havia e há até hoje a importante cidade de Tessalônica (que literalmente significa "vitória dos tessálios"), local evangelizado por São Paulo de Tarso, tendo este dedicado duas de suas importantes epístolas (I e II Epístolas de Paulo aos Tessalonicenses) a tal cidade, ambas falando da volta de Jesus Cristo. A região mencionada por Gracián era conhecida pela produção de "poderosas" ervas para ritos e cerimônias.

concisos são sempre dignos de aplausos. Alguns sábios são venerados porque ninguém os entende e talvez convenha certa obscuridade para não cair na vulgaridade comum. Mas como poderão os demais, que os observam, receber os conceitos e explicações pretendidos? Observe as pessoas de sucesso: são marcantes, quase todos são bons explanadores das suas obras e excelentes vendedores de seus trabalhos. Convence mais quem fala com clareza. Um aviso, entretanto: não adianta tentar enganar (216).

39.

TUDO TEM UM LADO BOM E OUTRO MAU, APRENDA A PERCEBER ISSO. Tome tudo o que lhe for apresentado pelo lado conveniente. Podemos sempre tirar uma lição de cada situação. Nunca aja de forma raivosa, ainda que veja as coisas assim. Tudo têm um lado direito e um esquerdo, de modo que o mais favorável, se tomado pelo lado inverso, fará apenas que se lastime. Ao contrário, a mais cortante das espadas, se tomada pela empunhadura, não causará mal algum. Ainda o mais repugnante tem seu lado amável. Existem muitas informações tristes que, se vistas de bom ângulo, mostrariam seu lado bom e produziriam alegria. Em tudo há conveniência e inconveniência: a destreza está em saber encontrar o lado suave. A imagem de qualquer situação pode parecer melhor se vista com diferentes cores. Busque sempre a cor da felicidade, pois isso lhe fará prudente e bem-sucedido. Não deixe que, na hora de escolher entre o bem e o mal, a dúvida o paralise, levando-o a trocar sua forma de enxergar. Este é um erro causado pelo otimismo excessivo de uns e pelo nocivo pessimismo de outros. Em tudo existe alegria e também tristeza, em realidade ambas são necessárias: uma para enfrentar os reveses da sorte e outra, como grande regra preventiva, para dominar os imprevistos do tempo e, principalmente, do trabalho (224).

40.

É MUITO IMPORTANTE CONHECER SEU PRINCIPAL DEFEITO. Ou lhe passou pela cabeça que não tem nenhum? Ninguém deixa de ter um grande defeito, que faz contrapeso às suas virtudes relevantes. Não será exceção. Se for inclinado apaixonadamente em favor deste defeito, ele irá se apoderar de você como um tirano. Ao descobri-lo, comece logo a lutar contra ele, expressando que está empenhado em superá-lo. O primeiro passo é dizer isso a alguém, pois é claro que, deste modo, o conhecerá melhor e este, uma vez bem conhecido, será mais fácil de ser vencido. E, mais simples, poderá livrar-se do seu defeito se tomar consciência dele, assim como seus amigos, que também o notam. Se quiser chegar a ser grande executivo e gerente, primeiro deve assenhorear-se de si. Quando vencer este grande defeito, os demais, todos, serão fáceis de serem superados (225).

41.

CONHEÇA BEM SEUS DEFEITOS. Falta sempre alguma coisa para qualquer um ser perfeito, pois ninguém é completo. Existem muitos que, se melhorassem em algum detalhe, faltaria pouco para serem excelentes. Por exemplo: falta a uns levar as coisas a sério, e isso desluz suas outras virtudes. Já outros são rudes no trato, um defeito logo percebido por aqueles que o cercam e, ainda mais grave, se ocupam cargos importantes. Em certos casos, deseja-se que eles decidam rapidamente e, em outros, que sejam mais reflexivos. Todos estes defeitos, se você tiver consciência deles, poderão ser eliminados e reduzidos com facilidade, pois se vigia a si mesmo, irá se acostumando a se livrar do defeito, até que isso se converta em hábito e faça parte de sua natureza (238).

42.

GANHE O RESPEITO DAS PESSOAS. Fará muitos bons negócios. Muitos homens não atuam nem falam por si mesmos senão com outros que os comprometem. São tão tolos que qualquer um pode persuadi-los a fazer coisas más, são muito crédulos, ainda que esta verdade pareça pouco crível. O melhor a fazer é ganhar respeito, para que não o conduzam, nem o induzam aos maus negócios. Não basta ter razão, pois é necessário ajudá-la com a diligência para estudar bem aquilo pelo que lhe responsabilizam: um compromisso, às vezes, custa muito pouco, mas suas consequências valem muito. Com palavras empenhadas se compram obras e se perdem honras. Cuide dos detalhes, pois não há cargo, por pequeno que seja, que não obrigue ao esmero máximo. Cuide para não comprometer o seu, estude bem a conveniência. Ame os seus bens, pois cada um fala do objeto segundo o afeto que tem por ele (226).

43.

NUNCA SEJA PEDANTE. É melhor ser prudente. Saber muito é ser agudo em demasia. É como a ponta de um lápis: ou fere ou quebra. É muito mais vantajoso conhecer todo o básico. Bom é ter entendimento, nunca pedantismo ou presunção. Para chegar à arrogância, o mais mortal dos defeitos humanos é preciso apenas um passo. O muito explicar provoca dúvida e discussão. É melhor um bom e breve juízo fundamentado do que discorrer longamente e estender-se mais que o necessário (239).

44.

NÃO SE DEIXE LEVAR LEVIANAMENTE PELO QUE LHE DIZEM. Existem homens que guiam suas ações pelo que lhe disseram e por este caminho chegam ao extremo da impertinência. Possuem o querer e o sentir feitos de cera, mas isso se derrete facilmente. São tão impulsivos que o que acabam de dizer-lhe fazem-no esquecer de tudo o mais. Este homem nunca toma boas decisões e nunca ganha, mas perde com facilidade. Indivíduos assim são manipuláveis, pois cada um os tem da cor que deseja. São maus para guardar segredos e meninos por toda a vida. Suas opiniões e seus amores variam constantemente, pois vivem em permanente flutuação. Sempre lhes contrai a vontade ou o juízo, inclinando-se a uma ou outra parte (248).

45.

APRENDA A ESQUECER. Mais do que arte, é sabedoria. Aquilo que mais queremos esquecer é o que mais se recorda. A memória é uma grande traidora, especialmente quando mais queremos lembrar. E pior: é tola quando quer ter presente qualquer lembrança. Naquilo que produz tristeza, ela é prolixa e eficiente. Já no que dá alegria, lhe fala com cuidado. Muitas vezes, o melhor remédio para o mal é esquecê-lo; entretanto, nos esquecemos deste remédio quase sempre. Convém dominar os costumes da memória para que deixe de dar-nos seu desejo intenso de felicidade ou inferno. A meta é conseguir se acostumar a ser como aqueles que de qualquer modo (recordando ou esquecendo) estão satisfeitos, pois alcançaram um estado de inocência que lhes permite gozar, em qualquer caso, sua pequena felicidade (262).

46.

NÃO FIQUE ISOLADO POR CONDENAR O QUE É DE AGRADO GERAL. Pense: se agrada a muitos, é porque tem algo de bom, mesmo que não tenha explicação, pois produz satisfação. Sempre odeiam o que se apresenta como singular ou presumem pensar muito diferente do que a maioria pensa. E quando estimam que aquilo que pensa está errado, mesmo que ache certo, o ridicularizam. Preferem burlar-se do seu mal do que apreciar a sua boa intenção. Dirão: "que fique agarrado ao seu mau gosto". Se não sabe encontrar o bom, dissimule sua torpeza e não se condene a fazer papel ridículo, pois o mau gosto geralmente nasce da ignorância. Pense: aquilo que todos dizem é o que se quer ser (270).

47.

É IMPERATIVO QUE SAIBA OSTENTAR SEM, NO ENTANTO, MOLESTAR. Faça brilhar as qualidades que possui, mas com sutileza. São raras as ocasiões em que conseguimos alcançar um objetivo para ostentá-lo. Isso porque nem todos os dias são de triunfo. Existem pessoas graciosas para as quais o pouco tem enorme esplendor e o muito tira o fôlego da multidão. Quando combinamos ostentação com inteligência, podemos ser chamados de prodígios. A luz dá brilho a tudo o que é criado, de modo que tudo o que existe pode ostentar a luz que tem. Não obstante a glória recebida em cada criação, uma ostentação comedida e equilibrada lhe dá um segundo brilho. O céu nos dá uma lição importante de ostentação. Ensina que toda ostentação de uma só coisa é chocante. A melhor ostentação nasce de um conjunto harmônico de tudo. É preciso ter arte para ostentar, pois isso depende de cada circunstância. Existem momentos em que, tendo-se uma virtude muito boa, não é correto ostentá-la. Sai mal sua ostentação se não é gracioso. Nenhuma qualidade pede menos artifício, mas sempre o afã de ser gracioso faz que o notem como artificioso, está muito próximo da vaidade e quase sempre deprecia. Entre os males da natureza, alguns há que têm remédio, porém, os que têm vaidade são incuráveis.[38] Sua ostentação deve ser muito moderada para que não se converta em vulgaridade. Ademais, entre os prudentes, a ostentação é desprestigiada. O segredo de uma ostentação bem feita está em apresentá-la em muda eloquência e sem querer mostrá-la, pois como descuido, se destaca. A sábia dissimulação é a mais aplaudida, pois ao não mostrar suas virtudes, excita a curiosidade e a admiração. Tem grande destreza aquele que não mostra a virtude toda num só golpe, mas vai conduzindo pouco a pouco, para que admirem cada detalhe. Quando mostramos uma parte, insinuamos que existem mais e mais virtudes e, assim, ao aplaudirem uma, aplaudirão a próxima (277).

48.

Aprenda a dizer apenas o necessário. Combine bem a atenção do judicioso com a ponderação do recatado. Muita inteligência se requer para medir o que se deve dizer. Tão importante é conhecer o caráter e as propriedades do outro como conhecer as ervas e pedras pelas quais se caminha. É uma das mais sagazes ações da vida. Pelo som se conhecem os metais; pela fala, o outro. As palavras mostram a sua integridade e muito mais: os seus feitos. Para tratar com o outro necessitamos ser três coisas: críticos excepcionais, observadores profundos e prudentes judiciosos (291).

49.

Faça que se reconheça o peso de sua inatacável conduta. O olhar é muito revelador, mas a conduta denuncia seu caráter e sua competência. O peso torna o ouro precioso, assim como a moral valoriza a pessoa. De todas as virtudes do homem, esta é a que causa maior veneração. A conduta correta é o

38 Esta ideia retrata o pensamento do filósofo brasileiro Mathias Aires no seu livro *Cartas sobre a fortuna* (Aires, 2007).

espelho da sua alma. O homem maduro se caracteriza por uma plácida atitude que inspira respeito e autoridade, algo muito diferente do néscio, que endurece o rosto para fingir seriedade. As palavras do sóbrio são com sentenças cheias de sabedoria e seus feitos são obras exemplares. Sua presença mostra um ser de respeito, porque tem tanto de pessoa como de honorável. Não um menino, mas um homem grave e com autoridade (293).

Parte 3
Aprimorando relacionamentos profissionais

"Cultive a destreza de saber como se relacionar profissionalmente com cada um"

Faça que dependam de você. Um ídolo não se faz com adorno, mas com adoração: o homem sagaz quer ter mais pessoas necessitadas dele, quer gente que o engrandeça. Os seus superiores, pares ou gerenciados não dependem de você, mas da capacidade, do conjunto de habilidades profissionais, interpessoais e de comando que reúne, o que o torna indispensável para a organização.

Maximize seu relacionamento profissional, mas por completo. Não olhe apenas para o céu onde estão seus superiores: pense também nos seus pares e subalternos. "O sucesso, para ser perene e duradouro, deve resultar de uma obra coletiva" (SCHWARTZ, 2010).

Sobre os seus superiores, considere apostar nos seus chefes. Seja-lhes fiel e celebre suas vitórias, nunca os desafie ou mostre que você é melhor. Invista e faça progressos na carreira junto deles e nunca sobre eles.

Quanto aos seus pares, não pense que os conselhos aqui reunidos tratam de arrogância, prefira relacionamentos com quem você possa aprender. Tenha sempre trato amigável com as pessoas que sejam escolas de erudição e cuja conversa de alguma forma, consista de ensino e cultura.

Finalmente, para seus comandados: firmeza e justiça. Conheça a liderança natural. Pratique a busca incansável de uma força secreta que lhe dê superioridade. Isso não vem de molestosas formas artificiosas, senão que surge de maneira espontânea. O homem líder é seguido por todos sem advertir como, "pois todos reconhecem-lhe o secreto vigor da evidente autoridade" (GRACIÁN, 1954). São gênios senhoriais, são reis por mérito e leões por privilégio inato, que se apossam do coração, das palavras e da fé dos demais, gerando grande respeito para si.

Mas cuidado! Em qualquer nível de relacionamento, arrogância e grosseria são dispersores de energia. Nunca deixe que o posto lhe "suba à cabeça", pois ele engole o cérebro e torna a visão obtusa e, com isso, a razão estará perdida, fazendo que você pense ser o preposto de Deus sobre a Terra. É o início do fim.

1.

Faça que dependam. Um ídolo não se faz com adorno, mas com adoração: o homem sagaz quer ter mais pessoas necessitadas dele, quer gente que o engrandeça. Sua esperança de manter-se no poder se reduzirá se confiar em demasia no agradecimento das pessoas. Pois com a mesma intensidade com que desejam o seu cargo, os subordinados esquecem o bem que você lhes fez. Poderá tirar mais produtividade daquele que necessita do que daquele que lhe é grato. Quem já matou a própria sede dá as costas para a fonte; como uma laranja espremida, só lhe resta o lixo. Deixar de depender é deixar de corresponder e de estimar. Aprenda esta grande lição de experiência: faça que sempre dependam. Também com os seus chefes. E nunca esqueça de que os seus superiores não devem saber que às vezes ficou calado apenas para deixá-los sentir sua falta e perceber como precisavam dos seus conselhos. Tenha cuidado com esta regra moral: nunca queira ou deseje que lhes ocorra um dano incurável, apenas para que vejam o quanto é indispensável. Por outro lado, esta regra não funciona para os incapazes (5).

2.

Aposte no chefe; seja fiel e celebre as vitórias dos seus superiores, nunca os desafie ou mostre que é melhor. Esta é a fórmula para ser um deles. Todo vencido odeia o vencedor. Sendo ao seu superior a quem vence, este o considerará um tolo, o que lhe será fatal. A sua superioridade sempre será aborrecida, incomodativa e mais ainda quando tiver que ser reconhecida pelo seu superior hierárquico. Existem exceções, mas a regra é esta. Se tiver algumas vantagens sobre o seu chefe, mesmo que pequenas, mas visíveis, dissimule-as, esconda--as. Por exemplo: procure desmentir sua própria elegância com certa simplicidade no vestir. É fácil descobrir a verdade a quem queira reconhecer em outro um melhor caráter. Mas, na sabedoria, ninguém fará isso e menos ainda quem ostenta autoridade. A autoridade sempre verá sua capacidade como um atributo da mais alta importância e considerará crime de lesa-majestade que não seja reconhecida. Mas os superiores são, por essência, soberanos no poder e no mando e querem sê-lo no que é máximo: no saber e no conhecimento. Os chefes gostam de ser ajudados não superados. Por tal razão, quando os advertir, tenha tato e apresente o fato como se já soubessem, não como assunto ignorado e que sua inteligência os fez enxergar. Ensinam-nos isso os planetas filhos do Sol, pois – ainda que brilhem como ele – nunca se atrevem a desafiar sua luz (7).

3.

Fique ao lado daqueles que sabem triunfar e distante dos fracassados. A infelicidade, em certas ocasiões, é causada pela torpeza daqueles que nos acompanham. Nada contagia mais do que o fracasso. Não se faça acompanhar de perdedores, pois será um deles. Nunca abra a porta para os fracassados, aqueles para os quais as coisas saem mal, pois atrás deles virão muitos e maiores malefícios, que sempre andam como aves, em bandos. Os melhores jogadores de cartas são aqueles que sabem descartar. Mais vale fazer uma aliança com quem seja uma pequena carta de triunfo do que uma grande figura cujo êxito escapou. Se estiver em dúvida, consulte alguém experiente e prudente, mas que seja, em qualquer caso, um vencedor (31).

4.

Gerencie sempre com uma intenção inesperada. A vida do homem é uma luta contra a malícia do próprio homem. Para ser competitivo, aprenda a ser sagaz em matéria de fingir as suas intenções. Nunca atue de modo que o adversário saiba qual será o seu próximo passo. Aponte para um objetivo, represente para deslumbrar, mas na realidade execute aquilo que ninguém esperava, deixando sempre lugar para dissimular seus verdadeiros fins. Surpreenda a todos, especialmente aos seus superiores, desempenhando suas funções além de suas expectativas. Mostre uma intenção e isso possibilitará a seus competidores demonstrar seus propósitos, depois voltarem-se contra suas pretensões. Poderá vencer se, ao final, fizer o inesperado. Porém, cuide das inteligências incisivas, que colocam muita atenção e interesse naquilo que faz, pois estas são capazes de descobrir seus planos e estratégias, usando sua capacidade de reflexão, e assim deduzir o contrário do que quer. Nunca se deixe levar pela primeira impressão ou intenção. Espere uma segunda e, talvez, uma terceira. Tenha todo o cuidado com aquele que tenha muita experiência em negociar ou discutir, pois – havendo obtido tal capacidade – aumentará a simulação a tal grau que poderá enganá-lo com a mesma verdade. Mude o jogo e obrigará o adversário a mudar a estratégia, com o artifício de não fazer artifícios. Use este estratagema para fingir ingenuidade. Aja sempre com observação cuidadosa. Não se deixe levar. Não seja superficial e entenderá a perspicácia do oponente, descobrindo os truques que o seu opositor preparou. Comportando-se desta maneira, decifrará os objetivos do adversário, que mais sensível se tornará quanto mais solapado estiver. Estude, penetre, decifre as intenções, mesmo aquelas que pareçam mais singelas. Lembre-se: foi a sabedoria de Apolo[39] que tornou possível derrotar a astuciosa serpente mitológica Píton.[40] (13)

5.

Não crie demasiada expectativa. É frequente que o muito celebrado, antes de realizar-se, pareça depois menor do que a expectativa que o criou. O real nunca igualou o imaginário, porque é fácil conceber algo perfeito, mas muito difícil realizá-lo com exatidão. A imaginação se casa com o desejo e cria uma fantasia distante da realidade. Por maiores que sejam seus excelentes resultados, estes não bastam para satisfazer suas ideias. Quanto mais tenha enganado, criando exorbitantes expectativas, mais rapidamente se desenganarão e deixarão de admirá-lo. A esperança é a grande falsificadora da verdade. Trate de corrigi-la com inteligência e *prudência*. Procure que a satisfação seja superior ao desejo. Realize o inesperado, supere expectativas. Melhor é dar princípios ou detalhes para despertar a curiosidade sem engrandecer em demasia o objetivo perseguido. Mas melhor ainda é a realidade exceder a ideia e resultar em mais que o planejado. Porém, esqueça estas regras se tudo sair mal, pois neste caso o que o ajudará será o exagero. Cubra o mal resultado com aplausos e o que se temia que fosse um fracasso chegará a parecer bom para todos. Às vezes dá resultado, mas não confie (19).

---

39 Apolo, uma das divindades principais da mitologia greco-romana, um dos deuses olímpicos. Aqui, simbolicamente, é descrito por sua inteligência e sagacidade.

40 Píton, na mitologia grega, é uma serpente gigantesca que nasceu do lodo na Terra após o grande dilúvio. A serpente foi morta a flechadas por Apolo e seu corpo dividido, pois, por ser tão grande e poderosa, era o único modo de matá-la.

6.

Preste atenção nas peculiaridades de cada um, pois todos as têm. É a arte de gerenciar as vontades alheias. Cultive a destreza de saber como chegar a cada um. Não existem dois homens iguais. Não existe homem que não tenha suas afeições especiais, distintas segundo a variedade dos caracteres da sua personalidade. Todos adoram alguma coisa: uns, glórias e aventuras; outros, a riqueza; e alguns mais, o prazer – estes são os mais vulneráveis. O segredo está em conhecer qual a adoração de cada um. Conhecendo-as, saberá como dirigi-los até onde queira. É a chave para abrir a porta e descobrir as paixões. É preciso descobrir o primeiro motor de cada um, mas este nem sempre é sua razão mais importante nem a que confessam. Ao contrário, muitas vezes é aquilo ao qual dão ínfimo valor, pois no mundo existem mais desordenados que subordinados, em qualquer plano. É preciso conhecer primeiro o caráter e motivá-lo logo com palavras e, finalmente, exaltar aquilo a que são afeiçoados e assim, somente assim, será possível vencer suas vontades (26).

7.

Viva sempre disposto a dar e conceder aos demais. Quem gerencia bem ganha grande crédito quando dá, se o bem for feito. É a elegante maneira de o gerente conquistar o afeto de todos. O principal privilégio do executivo é poder fazer o bem, mais do que todos. Estes atos fazem amizades. Ao contrário, outros em poder gerencial ou de mando estão empenhados em contrariar, em não comprazer, não tanto por terem dificuldades de dar, mas, sobretudo, para fazer a maldade de não ajudar, pois estão tão soberbos pelo posto que se acham semideuses. Cuidado com o cargo, pois ele cega os homens (32).

8.

Aprenda a usar e prevenir ataques. Este é um ponto muito sutil no tratamento humano. Existem ataques verbais que buscam desestabilizar os ânimos e são um dissimulado e penetrante desafio para a alma. Existem os que são muito maliciosos, malévolos, como que tocados pela erva amarga da inveja, untados pelo veneno da paixão: raios imperceptíveis para destruir a graça e a estima. Aprenda a conhecê-los e afaste-se. Muitos foram ofendidos por seus chefes, por murmuração e malevolência. Outros perderam seus cargos, devido a um simples ataque de seus superiores ou mesmo inferiores; no entanto, toda a malevolência não lhes fez nem o mais leve dano. Souberam controlá-la. Outros ataques acabam por favorecer o atacado, apoiando e confirmando sua reputação. Do mesmo modo que o mal-intencionado, o atacante se lança com destreza; assim, o atacado deve recebê-lo com cautela e esperá-lo com cuidado, porque a principal força de quem defende é conhecer bem o agressor, o tiro prevenido sempre erra o alvo (37).

9.

Conheça a liderança natural. Tenha uma força secreta que lhe dê superioridade. Isso não vem de molestosas formas artificiosas, senão que surge de maneira espontânea. O homem líder é seguido por todos, sem advertir como. Reconhecem-lhe o secreto vigor da evidente autoridade. São gênios senhoriais, são reis por mérito e leões por privilégio inato, que se apossam do coração, das palavras e da fé dos demais, gerando grande respeito. Se outras prendas pessoais os favorecem, são modelos de políticos, pois fazem mais com um gesto do que outros com mil atos (42).

10.

Adapte-se às situações e use os recursos com moderação. Não mostre seus conhecimentos no trato geral, nem empregue mais forças do que o requerido para conseguir o objetivo. Nunca desperdice sem saber o valor, porque o bom caçador não emprega mais sagacidade que a necessária para pegar sua presa. Não ostente seus conhecimentos e suas capacidades todos os dias, pois chegará a hora em que não terá mais nada para mostrar. Guarde sempre uma reserva de novidades para luzir, de modo que descubram mais e mais e tenham sempre a expectativa posta sobre seus atos, sem chegar a descobrir onde terminam os seus recursos (58).

11.

Se não tem vocação, busque a experiência para tomar decisões. Alguns nascem com uma vocação de *prudência* natural, uma inclinação à sabedoria, têm à mão a metade do caminho andado de forma correta. Com os anos e a experiência, aperfeiçoa-se o pensar e se molda o bom juízo. Um homem nunca pode se entregar aos caprichos das decisões solitárias, consideradas uma tentação contra a *prudência*. No trabalho, isso piora, pois se requer grande segurança nas decisões. Mais cabeças, melhores decisões. Aquele que gerencia e dirige deve saber valer-se de homens com conhecimento, vocação e experiência, para que o ajudem a decidir. Não existe empresa de um homem só. Saiba valer-se da massa de inteligência e experiência dos seus colaboradores. Juntos, será difícil; separados, impossível (60).

12.

A glória dos seus colaboradores é sua glória. Alguns querem diminuir seus subordinados, atribuindo-lhes débeis créditos nos resultados, pensando enobrecer-se: perigosa complacência, tolo engano, merecedor de duro castigo. Nunca o bom desempenho de um ministro diminuiu a grandeza de um presidente. Ao contrário: a glória e os acertos da gestão se atribuem ao mandante, quem governa e inspira; assim também recaem sobre este os defeitos dos seus subordinados. A fama, boa ou ruim, sempre a leva o principal. Nunca se diz: este executivo teve bons ou maus assistentes e diretores, mas sim: este foi um bom ou mau administrador. É examinado, perscrutado, eleito, promovido, julgado e a este é dedicada a imortalidade da reputação (62).

13.

Dedique-se às atividades que melhorem sua reputação e lhe dão fama. Seu êxito depende muito dos aplausos dos demais, dos pares e chefes. A admiração é tão boa para as virtudes como a brisa para as flores. Alento é vida. Existem ações admiradas por todos; ao contrário, há outras que podem ser mais úteis, mas nada as destaca. Os que exercem as primeiras ganham o reconhecimento de todos, enquanto os que fazem as segundas, ainda que lhes reconheçam o valor, não são aplaudidos. Entre os executivos, os vitoriosos são celebrados e, por isso, alguns dos grandes ícones da administração de grandes companhias internacionais tiveram êxito e foram imortalizados como guerreiros, conquistadores e magnânimos. Prefira o gerente destacado às atividades célebres, de modo a que todos o admirem e seja aceito para sempre (67).

14.

Saiba dizer "não". Não conceda tudo que lhe pedirem, nem a todos. Não conceder é tão importante como saber conceder. Dizer "sim" é fácil, mas é uma grande virtude saber dizer "não". Aos que dirigem e gerenciam, é urgente dominar esta virtude. O segredo está no modo como o fazemos, pois mais se estima o "não" do sábio do que o "sim" do tolo. Um "não" embasado satisfaz mais do que um "sim" seco. O "não" sorridente magoa menos. Existem os que primeiro sempre dizem "não", ainda que depois digam "sim", mas não tem valor, pesa muito a primeira impressão. Nunca negue de golpe: deixe que se desenganem pouco a pouco. Tampouco negue por completo, pois ao fazer isso deixarão de depender. Deixe sempre uma pequena esperança que compense o amargo da negativa do pedido. Que sua cortesia preencha o vazio do favor negado e que suas boas palavras supram a obra não realizada. Recorde, entretanto, que o "não" e o "sim" devem ser breves quando forem proferidos e longos quando forem pensados e decididos (70).

15.

Não se faça de intragável com o que lhe foi agradável. Entre os humanos se acham as feras mais bestiais. O homem é o lobo do homem. Ser intratável é um vício que não conhece a si mesmo, pois pode-se não perceber e chegar a imaginar até que é mesmo um gênio, imprescindível, mas para os seus subordinados será simplesmente enojante, pois lhe falta o tão necessário espelho. Com este comportamento apenas consegue ganhar o ódio geral. O que tem de bom este monstro intratável, sempre a ponto de se enfurecer? Aqueles que estão abaixo de seu mando falam entre si depreciando-o, como que obrigados a tratar com um animal que não conhece seus instintos. Os subordinados seguem tão armados de cuidados e zelos que isso lhes tira a segurança e a tranquilidade de trabalhar. Estes intratáveis, quando aspiravam a subir na vida e a ocupar o posto que têm hoje, agradavam a tudo e, agora, atormentam a todos. O melhor castigo para este chefe é a indiferença. Cumpra as obrigações com muito zelo e cuidado, não ria das suas troças, não seja gentil, faça o que for preciso, peça licença e se retire (74).

16.

Não faça que o odeiem. Seja duro, exigente, mas justo. Nunca dê motivos para que o odeiem. Existem os que aborrecem aos demais sem saber por que e, assim, fazem que estes os depreciem e não lhes devam carinho. Sempre que se enfurecer, perderá mais do que ganhará. Arroubos são feios; se os tem, é apenas porque sua posição permite; de outro modo, já o teriam deixado ou agredido. Muitos são de tal mau gênio que se molestam com tudo e com todos. Geram um desgaste difícil de esquecer e inútil. Aos homens judiciosos, o respeito; aos odiosos, a traição. Por presunçosos são asquerosos e abomináveis, distantes do afeto. Mostre, pois, estima, para também ser estimado (119).

17.

Devemos conviver com aqueles que nos rodeiam, com aqueles que nos mostram ódio ou não. Há que se chegar a um entendimento com aqueles com os quais estamos obrigados a conviver. Pessoas de caráter contraditório são problemáticas. Devemos acostumar-nos com a ideia de que são e serão sempre assim; isso evitará choques ocasionais. Na primeira vez, o assombram, mas logo irá habituando-se, pois se usar sua sabedoria e *prudência*, será possível prevenir o desgosto e tolerar outros (115).

18.

Para ficar fora de problemas, não seja agressivo. Sendo, complica-se, e a todos os demais. Faltará tanto ao decoro com outros como ao próprio e sempre será visto como um tolo irreparável. Muitos agem deste modo e podem ser encontrados com facilidade. Trate de ficar longe destes, pois têm a capacidade de lhe roubar a felicidade. Não fazem nada em um dia inteiro sem mostrar cem caretas. Têm sempre o humor revolto e contradizem todos aqueles que lhes falam. Parecem ter colocado a razão alheia ao contrário e em contradição a tudo e, por isso, tudo reprovam. Mas a pior qualidade destes é viver assombrando ao homem sensato. Não fazem nada bem e falam mal de tudo. Esses monstros, vivem no país da impertinência e da necessidade (221).

19.

TENHA APREÇO POR CHEGAR À META, MAIS QUE POR COMPETIR. Trabalhe por seu próprio êxito, mais que por imitar o alheio. Existem exemplos de grandeza que têm sido animados principalmente por alcançar o reconhecimento. Procure ser o primeiro na sua profissão. Aspire mais a avançar pela *prudência* do que a competir com os outros. Ao prestar muita atenção no desempenho dos outros, acaba-se por não se conseguir completar os próprios objetivos. Alexandre[41] não lutou para comparar-se com a glória de Aquiles,[42] que era mito passado; lutou para superar a si, para transpor sua própria glória, nem bem a havia alcançado. Não existe o que incite mais as vãs ambições do que o ressoar da fama alheia. Em vez de invejar o triunfo alheio, lute para alcançar suas próprias metas (75).

41 Alexandre III, da Macedônia, dito o Grande ou Magno, nasceu em 356 a.C. Foi príncipe e rei da Macedônia, além de um dos três filhos do rei Filipe II. Alexandre foi o mais célebre conquistador do mundo antigo. Em sua juventude, teve como preceptor o filósofo Aristóteles. Nesta passagem Gracián o cita por lutar pelos seus própósitos, não para se comparar a outros.

42 Na mitologia grega, Aquiles é um herói da Grécia, um dos participantes da Guerra de Troia e o personagem principal e maior guerreiro do poema épico *Ilíada*, de Homero. Aquiles tem ainda a característica de ser o mais belo dos heróis reunidos contra Troia, assim como o melhor lutador entre eles. Aqui Gracián o cita por ser o maior guerreiro de todos os tempos, mesmo assim, Alexandre não pretendia igualar-se a ele.

20.

Renove sua fama a cada dia. É um privilégio da ave Fênix renascer sempre, pois tudo envelhece, até o mais brilhante dos homens, e com isso se perde a reputação. O costume de vê-lo igual todos os dias diminui a admiração. Surpreenda sempre. Um homem de talento mediano, com novidades, vence a outro inteligente que se manteve estático, sem renovar-se. É bom que renasça cada dia no valor, no saber, na *prudência*, em tudo. Se dedicar-se com afinco a renovar-se, terá muitas alvoradas, assim como o sol. Exiba-se em distintos cenários, para que em um lhe solicitem por haver-se ausentado e em outro o aplaudam por ter chegado novo, concitando naquele o desejo e neste o aplauso (81).

21.

Aprenda a usar os inimigos ao seu favor. Deve-se interpretar os feitos não por quem ofendem, mas a quem defendem, e isso muito mais se houver algo em disputa. O sábio se aproveita mais dos seus inimigos do que o tolo de seus amigos. Um ato de agressão pode adverti-lo de muitas dificuldades que jamais perceberia num ato de favor. Os inimigos lhe permitem descobrir suas virtudes e seus defeitos e, assim, acabam por fabricar a sua grandeza. Mais perigosa é a lisonja que o ódio, pois este nos permite descobrir e remediar as debilidades do que aquela dissimula. Seja sempre esquivo, pois desta forma poderá ver mais claramente a sua debilidade e corrigi-la. Devemos ter um grande cuidado quando em disputa com outros, em especial no trabalho, e mais atenção, ainda, com competidores (84).

22.

É bom manter sempre a expectativa. Alimente sempre, o inesperado. Prometa que dará muito e, ao agir e gerenciar faça que vejam ter conseguido muito além do esperado. Surpreenda seus superiores todo o tempo. Não é bom que faça todo o possível no primeiro momento. Saiba dosar. É uma excelente tática saber gerenciar suas capacidades, seu conhecimento sobre o trabalho, para sempre dar mais que o exigido do seu desempenho (95).

23.

MOSTRE QUE SEMPRE CONSEGUIRÁ MAIS ÊXITOS. É prudente mostrar capacidade de conseguir mais êxitos. Quem consegue grandes coisas é porque também é grande. Não se conforma com bons triunfos aquele que merece conseguir mais. O que completa o conformista apenas satisfaz momentaneamente o que busca a grandeza. Existem aqueles de curto alcance cujo qualquer logro desborda sua satisfação, pois não foram feitos para coisas extraordinárias. Param na intenção e o esforço lhes desvanece. Estes correm grande perigo no trabalho, pois não estão acompanhados da sorte do decidido. Mostre, então, se quiser ser grande, que lhe resta horizonte para alcançar, que sua paixão é interminável e que a palavra *acomodação* está fora de seu dicionário (102).

24.

NÃO DEIXE UM FEITO SEM MARCA: COLOQUE UM SELO DE DISTINÇÃO EM TUDO O QUE FIZER. Faça suas ações serem percebidas pelos seus superiores. Claro, isto dentro dos limites que a realidade lhe impõe. Os exibicionistas são odiados por todos, mesmo os vitoriosos. Para ações elevadas existem altos pensamentos. Mas não tome para si obras feitas por outros. Em tudo se apresente com mérito e elegância, como um grande dignitário, pois na realidade esta é a verdadeira nobreza. Quem se comporta como tal não fica com ciúmes dos mais notáveis. Aqueles que compartem seus feitos com seus chefes participam também da direção. São distintos, que participam também da sua notoriedade e sabem diferenciar a virtude de ser majestoso da vanidade do cerimonioso; conhecem a distância entre o vácuo e o substancioso (103).

25.

ESCOLHA UM TRABALHO QUE SE AJUSTE À SUA VOCAÇÃO. As regras sociais do trabalho são muitas. Existem alguns que exigem grande conhecimento e habilidade. Uns pedem coragem e arroubo; outros, suavidade de caráter. É mais fácil gerenciar aquele trabalho no qual é possível manifestar convicções. Por outro lado, resultam difíceis os outros empregos nos quais há que se dissimular. Para o primeiro, é preciso bom caráter; para os outros, não basta todo o cuidado e desvelo do mundo. A mais problemática ocupação é gerenciar e mais ainda os tolos ou mal preparados. Duplamente difícil é ter sensatez com quem não a tem. Ofício intolerável é aquele que exige todo o tempo alguém medido, estudado, de horas contadas e de pensamento exato. Melhor é o ofício livre de fastio, no qual junta-se o rápido com o sombrio, porque a variedade refresca e enriquece a vida (104).

26.

EVITE RIVALIDADE E TAMPOUCO PROCURE CONFRONTO, ESTES SÃO REVELADORES DE DEBILIDADES. Quando se entra numa polêmica, buscando convencer ou desacreditar alguém, também somos desacreditados. São poucos aqueles para os quais uma boa discussão resulta em boa coisa, pois a rinha faz pública os defeitos que guardamos. Muitos tiveram reputação até entrarem em disputa. O furor do combate aviva e ressuscita as faltas que todos haviam esquecido. Ademais, desenterram malquerenças passadas e antepassadas. A competição se baseia em desprestigiar o adversário com tudo o que se pode e, assim, chegamos ao que não se deve. E ainda que às vezes possa tirar proveito das ofensas que lhe fazem, estas o arrastam a querer vingar-se e o fazem perder o decoro. O bondoso e benévolo homem de prestígio sempre será pacífico (114).

27.

Procure ganhar apreço. Aquele que consegue cair nas graças dos empregados, dos seus pares e, principalmente, dos chefes é feliz. O melhor caminho para conseguir este prêmio é fazer bem aquilo a que se dedicar e fazê-lo com ética e bom gosto. Se lhe deram um cargo, demonstre que engrandece-o, mais do que ele lhe engrandece. Em vez de ser digno dele, ele lhe é digno. Uns se honram com o cargo, outros o honram. Não é vantajoso apresentar-se como bom no seu cargo, em comparação com quem o desempenhou mal, pois deste modo não conseguirá ganhar o respeito dos demais. Ganhe cargo por méritos próprios e não pelo demérito de outros (124).

28.

Procure não subir na vida escalando as costas dos outros, muito menos os detratando. O melhor sinal de carecer de méritos é dedicar-se a desmerecer os demais. Esta é uma doença grave que não apresenta sintomas: quem dela sofre raramente se dá conta. Ninguém limpa suas manchas manchando aos outros. Igual erro comete aquele que se consola dizendo que outros também cometeram os mesmos erros. "Eu não fui o primeiro – isso já aconteceu antes". Nestes casos, quem mais se explica mais se prejudica. Ninguém está livre de culpas. Só a quem se conhece pouco não se sabem as faltas. Evite sempre, como homem sensato e prudente, ser o livro de registro das infâmias alheias, pois isso lhe fará abominável e desalmado (125).

29.

Aprofunde bem os temas de que tratar. Aqueles sem conteúdo, que não dizem nada, que são superficiais, são logo reconhecidos pela plateia. Muitos se perdem pelas vias inúteis do palavrório: ficam tão atentos às folhas que se esquecem dos frutos, como um poema que nada diz, "não toca em nada essencial". Estes dão cem voltas bordejando o ponto tratado, estudando e estudando, sem nunca chegar a nada de importante. Estes tolos, quase sempre, têm a mente confusa, como um labirinto do qual é impossível fugir. Gastam tempo e paciência no que querem dizer resultando em não dizer nada (136).

30.

Busque sempre compartilhar suas responsabilidades. Tenha sempre um escudo contra os mal-intencionados. É a grande habilidade dos gerentes. E não é incapacidade, como pensam alguns. Pelo contrário, é necessário dividir decisões difíceis sobre as quais recaem olhos judiciosos. Nem tudo pode sair-lhe bem, nem vai, muito menos, satisfazer a todos. Divida, compartilhe e escute. Por isso, é necessário ter subordinados, os quais, em troca de conseguir seus propósitos, possam representar o papel de receptáculo de seus erros e acertos. Às vezes funciona, mas não acredite em tudo o que lhe dizem (149).

31.

Em vez de encobrir as faltas alheias, promova as suas próprias conquistas. Mas se encontrar-se em necessidade de encobri-las, faça com suficiente excesso, para que todos vejam sua boa ação, mais do que encobrir uma simples falta. É necessário que o seu trabalho seja duplamente mais notável do que o notável que substitui. Igualmente, tem o dever de deixar uma obra tão portentosa, de modo que, quando o seu substituto chegar, sintam sua falta e desejem o seu retorno. Assim, tenha suficiente habilidade para não ser eclipsado pelo seu antecessor. É muito difícil superar um antecessor, com frequência se pensa que o passado foi melhor, de modo que deve-se aspirar, mais do que igualá-lo, superá-lo com louvor. É muito mais difícil gerenciar um negócio que foi bem administrado. Se tiver a sorte de tomar um posto cujo antecessor foi ruim, poderá escrever seu nome na história da empresa. Pois se apenas o iguala, ficará abaixo da média de avaliação: outro no passado já o fez melhor. Promova seus próprios sucessos, mostre suas virtudes pessoais, para ser o mais notável (153).

32.

Triunfe sobre o invejoso e o mal-intencionado. Deve-se fazer sobrar importância à sua competência e, assim, se convencer da sua própria grandeza. Seja generoso e educado com o invejoso, que não lhe retribui. Irão aplaudi-lo mais se disser coisas boas daquele que lhe fala mal. A melhor vingança é aquela que outorga méritos a quem lhe desmerece. É a melhor maneira de vencer ao invejoso. Cada felicidade sua lhe será um castigo. E a sua glória lhe fará um inferno. O invejoso não morre uma vez, mas tantas vezes quantas o invejado é aplaudido. A eterna fama de um será o castigo perene do outro. Um terá imortal felicidade e outro dor imortal. O clarim que anuncia a subida de um torna pública a queda do outro (162).

33.

Antes de falar, prove e veja se será aceito. Para perceber como será recebida a proposta, esta deve ser colocada à mostra para que se verifique se é do agrado dos seus superiores. Isso lhe assegurará sair-se bem, permitindo criar condições para retificar a ideia sem problemas. Assim, irá descobrir a verdadeira vontade dos demais e saberá a quem e como atender. Esta prova é chave para aquele que pede, deseja ou é chefe (164).

34.

Fique atento àquele que aparenta enganar-se, mas acaba levando o que lhe pertence. Não há maior astúcia do que aguçar a atenção. Contra o entendido, um bom entendedor. Alguns aparentam enganar-se, fazendo-lhe pensar que entregam inconscientemente um negócio. Assim, o colocam a trabalhar a seu favor enquanto pensa trabalhar para si mesmo. Colocam-no para tirar castanhas do fogo: o que não se faz sem queimar as mãos (193).

35.

Não exagere seus sonhos de triunfo, mais ainda se estiver no começo de carreira. Todos tendem a exagerar a grandeza dos triunfos que planejaram, e esta atitude é mais frequente naqueles que têm menos capacidade. Imaginar alcançar a máxima maravilha. Se criar uma grande esperança e esta não se cumprir, será um tormento causado por sua vã imaginação, golpeada pela verdadeira realidade. Corrija com *prudência* estes desacertos da mente e, ainda que deseje o melhor, sempre espere o pior, para tomar com equanimidade e calma o que venha pela frente. É correto aspirar pelo alto para conseguir o máximo, mas não tanto que produza sobressalto. Ao começar o seu trabalho, é importante que tenha isso presente. Deste modo, não cairá na presunção de achar que chegará mais longe do que lhe permitirão sua capacidade e experiência. Não existe no mundo melhor remédio contra as necessidades do que a reflexão. Empenhe-se em conhecer bem o tipo de atividade que realiza e até onde chegam suas capacidades no dado momento. Mesmo com a cabeça quente, mantenha a mente fria (194).

36.

Compreenda em qual profissão será o astro e assim descobrirá a sua estrela. Não existe ninguém tão pouco dotado que não tenha uma vocação especial e, se for pouco dotado, é por não conhecer as suas capacidades. Alguns chegam a ser executivos poderosos sem saber como e nem por que conseguiram. Uns por sorte, alguns por uma força desconhecida, outros pela forte vocação, que lhes facilita o sucesso, depois resta trabalhar para ajudá-la e conservá-la. Outros ainda são alcançados pela graça de ser sábios ou superdotados. Muitos têm melhor desempenho em um emprego do que em outro e, mesmo dentro da empresa, desempenham melhor numa gerência do que em outra. Também existem os que sentem-se mais felizes numa determinada profissão, apesar de terem capacidade igual para outras, méritos semelhantes e habilidades. O azar se move como quer e quando quer. O seu dever é conhecer a sua sorte e não dar sorte para o azar. Assim, deve medir o alcance da sua inteligência, para saber onde pode perder ou ganhar. Aprenda a seguir e a ajudar o seu destino, seu azar, sua sorte e sua estrela. Não trate de mudá-la, pois seria equivocar o caminho que seu destino lhe mostra para percorrer (196).

37.

Visite empresas e organizações sempre que puder. Faça como alguns que, para progredir, se separaram daquele que lhe deu origem e assim alcançaram a grandeza. A visão única da empresa onde fez carreira é por vezes um obstáculo para o seu desenvolvimento. Assim, mesmo sendo um gênio, é difícil realizar-se observando seus próprios processos. Até um alfinete pode fazer-se importante se passar de um mundo para outro, como um vidro pode depreciar um diamante, se colocado onde mais útil. Nunca venerará bem a escultura aquele que conheceu o tronco morto de onde a obra de arte saiu. Aprenda a ver o mundo, transladar-se, transportar-se, para poder crescer e se aperfeiçoar (198).

38.

Mantenha em segredo alguns truques da sua arte. Nunca diga tudo que sabe, nem ensine até esgotar o tema. Os grandes ícones, de qualquer profissão, devem ter a audácia de saber até onde ensinar. Sempre diga para os seus subordinados que faltam mais coisas a serem apreendidas e se reserve com relação a isso. Não se deve esgotar como fonte de saber, nem dar todo o conhecimento possuído. Com isso, é possível conservar a fama e o prestígio e fazer que sempre o necessitem e busquem seus serviços. Em matéria de educar e se dar, deve-se cumprir este princípio: estar sempre cultivando nos outros a admiração por aquilo que se possui e sobre a sua grande capacidade em se dar. A economia no tudo e no todo é a grande regra da vida e do triunfo e muito mais nas profissões, especialmente nas gerenciais (212).

39.

Quando contradisser alguém, deve fazê-lo com sutileza e moderação. Queira ou não, aquele que foi contrariado sempre questiona o valor da sua opinião. Isso às vezes pode colocá-lo em apuros. A contradição desgasta as relações e destrói os afetos. Faça que o contradito seja parte de um ponto de vista e não de uma questão pessoal. Nunca seja agressivo, pois esta é a chave que abre os corações e faz os sentimentos aflorarem. Quando for obrigado a contradizer alguém, faça-o com grande sutileza e moderação, com firme vontade, mas com cuidado e juízo. Quem tem a sagacidade de questionar a palavra do outro deve buscar as razões secretas que o oponente guarda. Quando discutir, faça-o com suavidade. Tente facilitar aos outros as razões nas quais se fundamenta e faça que caiam nas redes dos seus argumentos. A tranquilidade e o silêncio do homem ponderado encorajam o oponente, fazendo-o sentir que pode dominá-lo. Neste caso, as palavras descuidadas farão que seja inteirado do que o outro guarda em seu coração inescrutável, como razão verdadeira da sua opinião. Uma dúvida comunicada com cortesia é a mais sutil artimanha do curioso para saber do que precisa. O empregado deve apenas contradizer ao chefe quando quiser aprender mais, e este, por orgulho ou para dar mostras da sua autoridade, irá se empenhar em oferecer todos os esclarecimentos e fundamentos possíveis. Resumindo, o melhor é contradizer com moderação. Assim, conseguirá que o outro lhe ensine novas lições sobre o tema. Veja sob este ângulo e será mais sábio e feliz (213).

40.

Aja por reflexão, não por obstinação. Toda obsessão produz fricção, porque ela é filha da paixão, que nunca foi uma boa guia para ninguém. Existem os que possuem a capacidade de converter tudo em conflito. São difíceis no trato e tudo o que fazem é para vencer alguém. Não sabem comportar-se pacificamente. Para governar ou gerenciar, um homem assim é extremamente danoso, pois converte os gerenciados num bando e os demais em outro. Transforma em inimigos quem deveria ser aliado. Apenas o trabalho já lhe dará inimigos; por isso, não faça nenhum inimigo extra ou que não seja necessário. Os indivíduos obsessivos tudo querem conseguir como fruto da violência e dos truques. Mas quando os demais lhes descobrem esta paradoxal conduta, tramarão contra, buscando impedir seus quiméricos sonhos e, deste modo, nada daquilo a que se propõem será conseguido. Os obsessivos estão enfadados o tempo todo, e aqueles que os ajudam o fazem com desgosto. Tais indivíduos têm a vontade enferma e lacerado o coração. A melhor maneira de comportar-se diante de semelhantes monstros é fugir para o mais longe possível. Os antípodas,[43] por mais bárbaros que sejam, jamais alcançarão a ferocidade deste tipo de besta (218).

41.

Nunca deixe nada pela metade. Desfrute uma tarefa ou projeto ao terminá-lo. Tudo que não é terminado, a princípio, é visto como feio e irregular. Nossa imaginação e a dos demais têm ideia de quando algo é mal feito. Isso se pode evitar, acabando por completo o começado. Mas a grande vantagem de se terminar a empreitada é que quem não participou do processo de execução ficará impactado pela elegância e solidez da obra, seja qual for o resultado. Tudo é nada ao se começar, e aquilo que se deixa sem terminar está mais perto de permanecer nada do que se converter em algo. Alguns adquirem fama de nunca chegar ao final de um projeto. Muitos *chefs* não gostam de comer aquilo que cozinham, porque viram as imperfeições do processo e isso lhes tira a vontade. Não sentem a maravilha de uma comida terminada e decorada. Por isso, não permita que vejam suas obras antes que as termine. Aprenda com a natureza: a casca do ovo não é rompida até que o pintinho esteja formado (231).

---

43 Antípoda designa tradicionalmente as regiões situadas do outro lado da Terra, como a Oceania e o Japão, por exemplo. Aqui, Gracián refere-se aos bárbaros que viviam no lado oposto do planeta. E faz uma alusão: é melhor viver com bárbaros do Oriente ("os antípodas") do que com pessoas que transformam tudo em conflito.

42.

NUNCA SE COMPROMETA COM ALGUÉM QUE NÃO SE COMPROMETE. Quando fizer um negócio, deve fixar-se mais naquilo que se aproveita e menos naquilo que causa danos. Em assuntos com os quais sua ética esteja comprometida, trate que os deveres sejam conjuntos, dos dois, de sorte que cada um, ao cuidar da sua reputação, estará cuidando também da reputação do outro. Nunca acredite ou se fie em alguém, mas se algumas vezes inclinar-se a fazê-lo, há de ser com tal sabedoria que, mesmo desprezada a *prudência*, tenha a proteção da cautela. Que seu risco seja igual e recíproco à sua causa (234).

43.

NUNCA COMPARTILHE SEGREDOS COM SEUS SUPERIORES, PENSARÃO QUE DIVIDE-LHES O PRIVILÉGIO DE COMER PERAS,[44] A LONGO PRAZO AS FRUTAS SE CONVERTERÃO EM PEDRAS DURAS DE MASTIGAR. Muitos perderam a vida por terem sido confidentes. Hoje não matasse mais, apenas demitisse. Como um bagaço, depois de se tirar o sumo, lhe jogam fora. Quando contamos nossos segredos aos chefes, não lhes fazemos um favor, mas lhes damos uma dor. Assim como muitos quebram espelhos para não ver a própria feiura, o chefe pode destruí-lo se conhecer suas intimidades e seus defeitos. Chega um momento em que lhe provoca raiva ver aquele que lhe conhece o mal. Trate de não ter obrigações com ninguém e muito menos com poderosos ou superiores. É melhor que os superiores lhe devam benefícios por aquilo que fez, do que lhes dever benefícios por favores recebidos. Os favores mais perigosos de um chefe são a amizade e suas confidências, pois aquele que lhe diz segredos se faz seu escravo, isso produz no poderoso

44 "Comer peras" com alguém, à época de Gracián em sentido figurado, significava compartilhar intimidades.

uma fúria que não demorará a explodir. Querendo voltar a ter a liberdade perdida atropelará tudo, até o mais razoável e, principalmente, aquele quem lhe conhece as faltas. Quanto aos segredos, pois, deve-se não sabê-los nem fazer saber que os sabe. Resumindo: não seja promíscuo nem em atos e muito menos em palavras (237).

44.

Quando contrariar alguém numa discussão? Quando o outro lhe argumenta com malícia. Há alguns homens que apenas sabem responder para contrariar. Quando dizem "sim", querem dizer "não", quando "não", "sim". Falam mal de algo porque lhe têm estima e, como querem adquiri-lo, desacreditam-no perante os outros para que percam o interesse. Existem elogios que se fazem falando mal dos outros. Outros falam aos maus e aos bons. Grave erro, pois para quem nunca ninguém é mal, tampouco será bom (250).

45.

Nunca explique suas ideias com demasiada clareza. Existem os que depreciam as ideias quando entendidas facilmente. Veneram apenas aquilo que é complicado de se entender, pois acreditam que a profundidade de pensamento está no ininteligível. Sempre demonstre quando falar: "sou sábio, prudente e conhecedor," mas nunca em excesso, sempre com certa moderação. E, considerando que com os entendidos vale muito mostrar conhecimento e sabedoria, com as maiorias é necessária a explicação simples. Não dê oportunidade para que o censurem. Pode-se conseguir tal façanha se estivermos preocupados com o essencial, ou seja, que nossos ditos e pensamentos sejam entendidos. Aquele que se vangloria muito normalmente é questionado e, ao ser perguntado, não pode se explicar. Por quê? Porque todo reservado é oculto, pois tem um mistério que o induz a ser venerado e celebrado, apenas porque ouve outros celebrá-lo (253).

46.

Não tenha ninguém como seu, incondicionalmente, nem o seja de outro. Nem o sangue, nem a amizade, nem as dívidas, nem os deveres mais sólidos fazem alguém absolutamente incondicional de outro. Não esqueça de que é grande a diferença entre entregar as vontades e dar o coração. A maior união admite exceção; por isso, não se ofendem as leis da decência. Por mais amigo que seja de alguém, sempre sobrará entre ambos algum segredo que ficará reservado. Até mesmo seus filhos terão guardado algo que nunca disseram ao pai. As mesmas coisas se deixam de dizer para alguns e as dizem para outros, e vice-versa. Dará tudo e negará tudo, distinguindo em cada caso a quem corresponde negar e a quem dar (260).

47.

Aprenda a responsabilizar seus subordinados. A arte de delegar responsabilidades construiu personagens empresariais de destaque que, sem isso, não teriam sido nada. Desta forma, muitos descobriram sua determinação, garra e até sua sabedoria, que estiveram guardadas até este dia. Se tivessem ficado para sempre em seu interior, centralizando-as, não lhes teria aparecido a ocasião do sucesso. Os lances perigosos são aqueles que lhe dão reputação, mas quando o gerente sabe que sua reputação está em jogo, o golpe atua com força de mil homens. Conhecia profundamente esta lição a rainha católica[45] e, por um político favor, o grande

45 Isabel I de Castela (1451–1504), posteriormente conhecida como "A católica", foi proclamada rainha de Castela pela morte de seu meio-irmão, o rei Henrique IV, de Castela. Mostrou grande firmeza na governança. Ajudada pelos cardeais Mendoza e Jiménez de Cisneros, tentou converter ao catolicismo os muçulmanos. Aqui Gracián a cita pela subordinação do navegador Cristóvão Colombo a seu mando.

almirante[46] ficou devendo seu nome e a eterna fama. Por tal atitude, os gestos de delegar e acreditar sempre fizeram grandes homens, os quais, talvez, sem isso, não tivessem sido nada (265).

48.

Se é limitado ou sabe pouco, siga o caminho mais seguro. Assim é em todas as profissões, pois ainda que não o qualifiquem de *expert*, saberão que conhece o básico. Quem domina o saber pode agir, deixando voar a mente criativa ao seu estilo, mas se sabe pouco e se arrisca, está saltando voluntariamente no precipício. Tome sempre à direita e dentro de suas limitações, pois falhará se ultrapassar o seu convencional. Se conhecer pouco uma região, tome o caminho mais usual e procurado, pois é o que todos fazem. Esta é uma lei de ouro no trabalho e para vencer na empresa, tanto na arte do saber como na arte do ignorar. É mais sensata a segurança que a singularidade. Para aqueles que são novatos, é melhor a tradição que a invenção. Na dúvida, nunca ultrapasse (271).

49.

Conheça o caráter e as características com quem trata, negocia e trabalha. Estudar o caráter é o melhor modo de descobrir intenções. Um passatempo útil. Pesquisando-se bem a causa, serão conhecidos os efeitos. Na causa estão refletidos os motivos e nos efeitos até onde poderá chegar. O melancólico tem infelizes más novas. O maledicente, com culpas, só oferece o pior, pois nunca percebe o bem do presente, por sempre anunciar um possível mal. O apaixonado fala e suas palavras distorcem a realidade, pois nele discursa a

46 Aqui, Gracián se refere ao navegador Cristóvão Colombo, em cujo sonho e audácia a rainha Isabel I de Castela confiou, delegando-lhe poder e provendo recursos para que este se imortalizasse na sua célebre expedição às Américas.

cega paixão, nunca a clara razão. Cada um varia segundo seu afeto e estado de ânimo. Aprenda a ler os semblantes e decifrar almas em sinais e gestos, atos e omissões. Descubra aquele que tem falso riso e ri da verdade. Fique distante do questionador, pois às vezes é superficial e, na maioria delas, impertinente. Não espere coisa boa dos indivíduos de mau gesto, pois estão cheios de ressentimentos e fel; querem enganá-lo e vingar-se da natureza e da sociedade. De uma, porque julgam que foram-lhe mesquinhas; de outra, porque descobrem suas mesquinharias: são negativos com ambas e com quem toma parte delas. Assim são um devastador conjunto de excessos e loucuras. Tenha atenção também com relação ao outro extremo: Quem lhe apresenta bons gestos, belo caráter e afabilidade, pois pode ter tanta falsidade quanto preciosidade (273).

50.

Seja respeitado mais pela virtude que pelo cargo. Nunca ao contrário. Por mais alta que seja uma função, melhores devem ser as virtudes pessoais. O cargo sobe à cabeça, cega a vista, seca a alma e ensurdece a mente. Com a ostentação do posto ocupado, aumentarão os admiradores, mas com a adulação o coração se encherá de ilusões, se for pequeno de alma. Descuidando-se, perderá o emprego e a reputação. Se sua empresa for monopolista e líder de mercado, o emprego está garantido, mas os gritos e as vaias silenciosas não cessarão. Augusto,[47] imperador de Roma, considerava maior sua honorabilidade como homem do que sua condição de

47 Caio Júlio César Otaviano Augusto (63 a.C.–14 d.C.) foi um patrício e o primeiro imperador romano. Herdeiro adotivo de Caio Júlio César, chegou ao poder por intermédio do segundo triunvirato, formado com Marco Antônio e Lépido. Após a deterioração da relação entre os três homens, no entanto, e a batalha de Áccio, onde Marcos Vipsânio Agripa, seu general e amigo pessoal, derrotou Marco Antônio, Caio Júlio César Otaviano Augusto se tornou o único soberano de Roma. Gracián o cita pelo valor que o imperador atribuía a honra das pessoas.

príncipe. A grandeza da alma e a confiança em suas virtudes valem mais do que qualquer hierarquia que tenha (292).

51.

São três as causas do prodígio: criatividade, gosto e opinião. São as qualidades máximas para se exercer qualquer cargo ou função. Que a sua criatividade seja fecunda, o seu gosto relevante e a sua opinião profunda. É uma grande vantagem concebê-las bem, aperfeiçoá-las e aplicá-las com melhor discernimento para que agradem. Deve-se ter mais destreza na mente que no corpo. Há de se superar as fraquezas das idades: nos trinta anos, mandam os seus ímpetos inovadores; nos quarenta, a paixão das suas inclinações; e aos cinquenta, o julgamento prudente. Assuntos obscuros e difíceis demandam enfrentamento à serena luz da inteligência. Outros temas, entretanto, são de tranquilo bem-estar, com os quais poderá dar corda solta à sua inventiva criatividade. O bom gosto e o juízo devem distinguir um do outro e responder bem: isso torna feliz a vida do homem (298).

Parte 4
Evitando comportamentos, atos e atitudes indesejáveis

"Quanto mais se desespera para manter a sorte, mais risco corre de cometer um deslize e perdê-la"

Que ninguém lhe conheça na plenitude. Se quiser ser adotado por todos, cerque-se de cuidados em todas suas ações. Uma alma imperscrutável apenas permite que tenham dela uma vaga ideia, mas nunca a possibilidade de conhecê-la em profundidade.

Nunca comente até onde chega sua capacidade máxima, em qualquer área, pois nisso incorre o risco de que usem tal conhecimento contra você.

Não canse as pessoas pela abundância, agrade ao ser breve, evitando importunar com o seu excesso de conversa e, mais ainda, as pessoas destacadas e que vivem muito ocupadas.

Nós, homens, somos um depósito de defeitos. Alguns acham que são grandes, mas aquele que ostenta molesta suas virtudes e, por ser arrogante, também a sua dignidade. Quanto mais estima pretender, menos conseguirá. "Busque menos e obterá mais" (GRACIÁN, 2005).

Leia com atenção estes conselhos, experimente corrigir pequenos defeitos e verá que a estima vem do respeito dos demais por suas ações e seus comportamentos, e não imagine sequer que será possível alcançar a grandeza sem merecê-la.

1.

NÃO FALE MAL DO SEU PAÍS. Evite diminuir o que é nacional, seja até dissimulado. Recorde que a água participa e até faz as boas e más qualidades dos rios por onde passa. Já o homem, por sua vez, é agente ativo de todas as qualidades do ambiente e do lugar onde nasce. Todos devem, uns mais do que outros, à sua pátria. Não existe nação que não tenha algum defeito, pois até as mais desenvolvidas os têm e, por isso, algumas vezes também ousam censurar as demais, tornando-se mal vistas. Corrigir ou pelo menos dissimular e desmentir estas falhas de caráter será uma vitoriosa meta que poderá alcançar. Com este controle, é possível conseguir um crédito entre a sua gente e, especialmente, entre os seus pares, pois o que se via como defeito poderá tornar-se uma virtude. Há também aqueles que a tudo criticam, não apenas ao seu próprio país: descendência, governo, emprego, trânsito ou, ainda, a idade e a modernidade. E o mais grave: criticam sua própria empresa. E o imperdoável e fatal, seus superiores. Perceba que ao longo do tempo se torna uma mania dolorosa, um vício incurável, para aqueles que estão obrigados ao seu convívio. Tudo isso fará que lhe enxerguem, ao final, como um monstro intolerante e crítico fácil (9).

2.

Não tenha a má voz do difamador. Não ganhe a fama de delator ou detrator, atacando os notáveis. Não se faça conhecer como aquele que costuma falar mal dos outros, pois será muito odiado, execrado e terá grandes dificuldades, especialmente no trabalho. Terão ganas de vingança, enunciando todos os tipos de impropérios a seu respeito. E como ataca a tantos, sendo apenas um, será fácil vencê-lo. Nunca fique contente com os males que assolam os outros e muito menos deixe isso manifesto. O futriqueiro será sempre aborrecido e, ainda que, em algum momento, tenha um encontro com algum personagem importante, será escutado por burlar-se dele, mais do que por apreciar a sua inteligência, porque nunca poderão apreciá-la em quem não a tem. Aquele que fala mal dos outros sempre terá que ouvir coisas piores de si mesmo (228).

3.

NÃO SEJA ACUSADOR, SEJA COMPASSIVO; PARA ACUSAR EXISTEM OS PROMOTORES. Há homens de caráter violento que quase tudo que fizeram foi explorar aos outros; são facilmente perceptíveis. Condenam alguns porque fizeram e outros porque farão. São tão exagerados e de alma tão cruel que tomam a mais leve pena e a crescem e aumentam de vulto até que outrem não mais possam carregar. Sempre cheios de paixão, teatrais, colocam tudo nos extremos. Os sensatos tratam de fazer ao contrário: a tranquilidade de ânimo lhes permite ver a parte boa pelos outros e, em vez de ver a má intenção, enxergam em qualquer falta alheia uma oportunidade de melhora ou mesmo um erro inocente. Não seja destes que enxergam tudo pelo mal que podem causar (109).

4.

FUJA DOS CONFLITOS; SÃO ANIMAIS GREGÁRIOS, NUNCA ANDAM SOZINHOS, SEMPRE TRAZEM OUTROS CONSIGO. É um dos primeiros requerimentos do homem comedido. Os mais capazes e inteligentes estão sempre longe de cair nestas situações problemáticas. Há uma grande distância entre o prudente e o conflitivo e ambos são divididos pela sabedoria. Quando quiser sair da disputa, irá perceber que é muito tarde, pois é mais fácil não cair nesta tentação do que dela sair bem, um conflito sempre traz consigo outro maior. Existem homens que, por seu caráter ou forma de criação, são pretensos a meter-se em pelejas, mas aqueles que caminham guiados pela luz do pensar sempre estão muito acima desta debilidade. O prudente sabe que não cair em conflitos é melhor que lutar para vencê-los. E se perceber um tolo cair em conflitos, toma-lhe a lição, para que não caiam nesta os dois (47).

5.

NUNCA FALTE COM O RESPEITO À NINGUÉM, NEM BRIGUE CONSIGO MESMO, ESPECIALMENTE QUANDO ESTIVER SÓ. Que a integridade seja a regra a guiar sua vida e carreira. Tenha mais medo da severidade do seu próprio ditame que dos ensinamentos de outros. Deixe de fazer o indecente, mais pelo temor da sua inteligência que pelo rigor de qualquer autoridade ou lei. Chegue mesmo a temer a si mesmo e não vai necessitar do látego imaginário com que se castigava Sêneca.[48] (50)

6.

NUNCA PERCA A CALMA, POIS QUEM A PERDE FICA SEM RAZÃO. Um dos dons da *prudência* é nunca descompor-se, nem perder a calma. Muitos argumentam que o fazem levados pelo coração sensível que possuem, pois a pessoa má nunca se comove. Mas não é assim. A fúria desenfreada vem dos excessos da paixão, que faz servir aos humores do ânimo. Se saírem palavras danosas da sua boca, colocará em perigo sua reputação. É seu dever, então, equilibrar-se, assenhorear-se com tanta grandeza que nem no mais doce ou no mais amargo possa alguma pessoa acusá-lo de perturbado ou desequilibrado. Ao contrário: todos devem admirá-lo pela paciência, pela *prudência* e pela sua superioridade interior (52).

7.

NÃO SE DEIXE LEVAR PELO MAU HUMOR. Grande é o homem que nunca cai em falsas impressões. É de inestimável valor fazer reflexões sobre a própria conduta. Nunca pensou nisso?

48 Lucius Annaeus Sêneca, conhecido como filósofo, nasceu no ano 4 a.C., em Córdoba, e morreu no ano 65 d.C., em Roma. A expressão é aqui citada porque Sêneca dizia: "sempre que te aconteça alguma coisa contrária à tua expectativa, fustiga os membros como um látego". Esta observação de Gracián refere-se, em sentido figurado, àquelas pessoas que se "fustigam" com um chicote, em pensamento, recriminando-se ou discutindo com a sua própria consciência.

Então, há algo de muito errado no seu modo de ser. É importante estar consciente do seu estado de ânimo em cada momento e tomar precauções. Deve, inclusive, procurar no âmago da sua mente a solução para controlar-se com clareza e juízo. Tenha especial atenção com os seus empregados, não os humilhe com a sua má educação e falta de aderência, pois se não fosse o cargo a protegê-lo há muito teria sido enforcado. Não é magnânimo; o cargo e a empresa o são. Para conseguir essa elevação, é indispensável conhecer-se, para não incorrer no pecado da impertinência. Alguns mudam muito seu estado de ânimo e variam seu comportamento. São arrastados eternamente por esta corrente antissocial e com frequência se contradizem. São excessos que só debilitam sua vontade, além de causar danos e confundir seus pensamentos e desejos (69).

8.

Nunca exagere. O grande logro do homem cuidadoso é não falar com superlativos e grandiloquências, pois se expõe ao faltar com a verdade e a desluzir a *prudência* Os exageros são excessos da estimação e dão indício de ter curto conhecimento e pouco bom gosto. Cuide muito da exorbitante comemoração, de algum objetivo que tenha alcançado, pois hesitará o desejo e, se aquilo que descreveu não corresponder aos seus exageros, tal expectativa se volta contra o engano, depreciando-lhe e ao o objeto celebrado, que o enalteceu. Contenha-se: não deixe a besta ou a fada que lhe habita revelar-se. Nunca ria alto e solto. Seja o comedido que peca mais pelo mínimo do que pelo excesso. São muito poucos aqueles que podem exibir a inteligência. Todos podemos exercer a *prudência*. O exagero é quase sempre mentiroso e lhe faz perder a fama de homem de bom gosto, tão importante na vida de cada um e, principalmente, nos negócios (41).

9.

EVITE A ANTIPATIA SEM MOTIVOS. Acabamos sempre aborrecendo algumas pessoas sem conhecer, todavia, suas virtudes e seus defeitos. Não faça mais inimigos que o necessário. Muito do mal que a inteligência possui está na vulgar aversão. Que a sua inteligência logre corrigi-la, pois aborrecer a todos lhe produzirá desprestígio. Na mesma proporção em que é uma vantagem, a simpatia pelos notáveis é uma grande desgraça à sua antipatia (46).

10.

APRENDA LOGO A LIVRAR-SE DOS PESARES. Poupar desgostos é próprio dos sensatos. A *prudência* evita muitos, é origem da felicidade e do contentamento. Quanto às más novas, trate de não dá-las, nem recebê-las: feche a porta se não vierem com seu próprio remédio. Uns gastam ouvidos para escutar lisonjas, outros amam as amargas intrigas e há os que não vivem sem dor ou sem veneno, nem que seja o seu. Tampouco dê para si um sofrimento de toda a vida apenas para se comprazer de outra pessoa, ainda que lhe seja muito querida. Nunca peque contra sua própria felicidade para satisfazer o outro. Não se veja na situação de fazer um mal a si para fazer um bem ao outro. Pense que é melhor o outro desgostar-se agora do que desgostar de si depois, ainda mais sem remédio (64).

11.

NÃO VARIE FREQUENTEMENTE DE OPINIÃO. O homem cuidadoso mantém a perfeição seus mesmos juízos e, por isso, ganha o crédito de sábio. Se alguma mudança de decisão tiver de ser feita, que se baseie em causas sólidas e de grandes méritos. Em matéria de *prudência*, vacilar é muito desagradável.

Existem alguns que a cada momento são outros: parecem mutantes, são irregulares em seus arrazoamentos e variam muito mais sem saber o que querem nem o que os favorece. Ontem, preferiam o branco e, hoje, o negro, desmentindo sempre suas próprias convicções para favorecer outras e vice-versa (71).

12.

NÃO FAÇA MUITA GRAÇA, SEJA MAIS DISCRETO, POUPE SUAS PIADAS. Por sua *prudência* se conhece o homem sério, que é mais prestigioso que os tolos e piadistas. Quem sempre está de burlas nunca será um homem de verdade. É o mesmo que ser mentiroso, nunca lhe damos crédito; uns por possibilidade de que seja falso no que se refere, e outros por temer que esta não seja sua verdadeira opinião. Nunca se sabe quando fala seriamente; por isso, não lhe dedicam confiança. Não existe pior desastre que a contínua falta de lisura. Existem aqueles que ganham fama de conversadores e, assim, perdem a fama de judiciosos. Por um momento, seja jovial e alegre, mas no geral seja sério (76).

13.

NÃO EXIBA SEUS ACERTOS EM DEMASIADO. Um defeito do excelente é que, se usado em demasia, se converte em abuso. Quem responde e atende a tudo enfadonha a todos. Grande inferioridade é não ter nada. Pior infelicidade, ainda, é querer ter tudo. Terminam perdendo-se os que querem ganhar em tudo, pois serão tão enfadonhos como antes foram queridos. Estes homens têm muitas virtudes em algumas ocasiões, mas ao perder a estima e o reconhecimento tornam-se depreciadores vulgares. O único remédio para não chegar a este extremo é guardar discrição e não ser excessivamente brilhante e reluzente. Deixe a luz para os chefes e, para si, a glória íntima do colaborador. O que deve sobrar é perfeição, e há de se ter comedimento na ostentação. Quanto mais brilha uma tocha, mais rápido se consome. Com menos ostentação se ganha mais afeição (85).

14.

NÃO PRESUMA SER IMPORTANTE. Defeito de muitos que acham-se grandes, na maioria das vezes, extraordinário mesmo é o cargo ou a empresa que representam. Aquele que ostenta molesta suas virtudes e, por ser arrogante, também a sua dignidade. Presumir é odioso; conforme-se que o invejem. Quanto mais estima pretender, menos conseguirá. Busque menos e obterá mais. A estima vem do respeito dos demais por suas ações e seus comportamentos, e não imagine sequer que será possível alcançá-la sem merecer. Os cargos importantes exigem autoridade conquistada, sem a qual não se pode exercê-los. Conserve a dignidade que, para cumprir as suas obrigações, deve ter. Não imponha terror e medo como forma de exigir que o respeitem, pois perceberá não ser merecedor de dignidade, mas sim o posto que exerce. É muito melhor ser apreciado pelas virtudes pessoais que pelas funções desempenhadas, pois até o rei deve ser mais respeitado por suas virtudes pessoais do que por sua hierarquia (106).

15.

NÃO EXIBA ADMIRAÇÃO POR SI MESMO E, PRINCIPALMENTE, NÃO SE ELOGIE, POIS ISSO É MUITO DESAGRADÁVEL. Viva descontente consigo mesmo: "sou mediocridade, sou insatisfação, sou necessidade". Ignorantes são aqueles que exibem admiração por si mesmos. Por quererem comprazer-se de seus atos, vivem uma falsa felicidade e os demais lhes perdem o respeito. Como não alcançam as grandes virtudes, consolam-se com qualquer habilidade. Ao homem sensato sempre é útil cuidar que tudo lhe saia bem sem ostentação. Esta atitude humilde compensa-lhe caso aconteça o mal. Quem sofre de falta de garbo ou gentileza supera-se ao ser discreto. Homero[49] dorme tranquilo em seu lugar, reconhecido por sua fama, enquanto Alexandre cai, com sua derrota final, por sua presunção e seu engano, a causa de haver ostentado seu poderio e sua ganância em demasia. Tudo depende das circunstâncias; o que sobra hoje falta amanhã, e não passará vergonha se não faz escândalo em um caso ou em outro. Tolo e fracassado é aquele levado pela vaidade (107).

16.

NUNCA FALE DE SI MESMO OU SE AUTOELOGIE. Ao falar de si, corre-se o risco de vangloriar-se, o que é vaidade, um insulto aos outros, também denominado mediocridade. É falta de sensatez e, por isso, aqueles que lhe escutam o enxergarão com depreciativa pena. Não se deve imiscuir-se na intimidade familiar ou amistosa e muito menos fazê-lo de um alto cargo, caso em que resulta pouco adequado. Tão mal é falar de si, autoelogiar-se, como elogiar muito um dos presentes em qualquer encontro, pois se comete pecado por um lado ou por dois: cair na lisonja pueril e no vitupério vil (117).

17.

EVITE SER PRESUMIDO, ESPECIALMENTE SE FOREM SEUS MÉRITOS. Quem sabe que tem virtudes não necessita de artifícios para mostrá-las. Uma das grandes virtudes é não apressar-se em exibi-las. Isso aborrece aos demais e é muito trabalhoso para quem faz, pois terá de estar sempre se esforçando para

49 Homero foi um lendário poeta épico da Grécia Antiga, ao qual tradicionalmente se atribui a autoria dos poemas épicos *Ilíada* e *Odisseia*. A comparação feita por Gracián objetiva mostrar a diferença entre Alexandre, conhecido por sua ganância e seu amor pelo poder, em relação a Homero, homem simples que se eternizou por possuir inteligência e um simples lápis.

destacar-se. Por se exibir em demasia, pode perder o prestígio, chegam a pensar que os méritos mostrados não são reais, mas produto de um artificioso teatro, uma aparência, considerando que esta não é a sua natureza. O comportamento que surge de forma natural e não do falaz presumido tem maior valor. Cuida do erro contrário, por querer ostentar em demasia sua espontaneidade, pois pode apresentar-se insidioso e falso. O sensato nunca presume suas próprias virtudes, senão ao contrário. O mesmo desinteresse em dá-las a conhecer destaca-as mais (123).

18.

Nunca se queixe. Aquele que se queixa perde o crédito, se desacredita. É mais provável que aqueles que lhe escutam se molestem em vez de lhe consolarem. Seu lamento fará que outros também se lamentem e, logo, a culpa por todas as lamúrias será sua, por haver sido o primeiro. Tampouco se queixe das suas agruras do passado, pois dará conhecimento de suas debilidades e isso apenas servirá para produzir novos azares e problemas. Melhor é cumprir com alegria nossos deveres e os desígnios do destino, para garantirmos compensação. Em vez de nos queixarmos, devemos recordar a estima que em tempos passados nos deram. Uma forma sutil de pedir que nos deem a mesma estimação. Assim sentirão que reconhecemos suas virtudes e nos darão bom trato. Outro motivo para não queixar-se: o homem cuidadoso nunca divulga seus próprios fracassos, suas debilidades e seus defeitos. Pelo contrário: torna público seus logros que lhe servem para ganhar amigos e frear inimigos (129).

19.

Não tenha espírito contraditório. Ele é próprio dos néscios e raivosos, os sensatos sempre lhe estarão contra. Mesmo que seja inteligente, ao ser permanente polemista e contraditor, dificultará tudo e não escapará de ser impertinente, ainda que seja entendido no assunto. Os contraditores convertem o doce conversar numa insensata guerrilha e, deste modo, conseguem a inimizade de todos: de seus legados e ainda dos que tratam deles. As palavras do homem com espírito de contradição são como um manjar com espinha; ferem a quem o prova. Danam e agridem os bons momentos da vida com suas perniciosas necessidades. Mais do que feras, os contraditores são bestas. Entenda esta última palavra com sentido de "tolo" e perceba que a contradição é uma necessidade, mas é preciso dosá-la, para que não se torne um vício pecaminoso (135).

20.

Não fale sozinho. Pouco ou nenhum proveito tirará de manifestar satisfação por suas próprias virtudes. Geralmente será depreciado, pois isto é uma forma de dizer que os outros são menos do que é ou acredita ser. Deverá para todos o que paga a si. Quem fala para ouvir a si mesmo não fala bem. Elogiar-se só é loucura, e se estiver diante dos demais, isto é duplamente insano. É um grande defeito o homem falar para colocar-se sobre aqueles que o escutam e a cada momento buscar a aprovação da vã lisonja, pois isto é sinal de que perdeu a *prudência*. Homens assim são como balões de vento, levam apenas ar, e sua conversação requer unicamente o socorro dos medíocres, que digam "muito bem" a todas as suas banalidades (141).

21.

Nunca siga uma opinião insensata, seja para agradar ou contrariar. Se o fizer, estará derrotado desde o princípio e, ao final, terá que se render. Se, ao contrário, teve a astúcia de escolher o melhor desde o princípio, não o enfrente neste momento. É uma tarefa muita arriscada, tanto em palavras como em obras. É um grave erro não apoiar a verdade apenas para contradizer, nem respaldar o útil apenas para se opor. Se é sensato, sempre estará com a razão. Terá respaldo desde o princípio ou estará em seguida com quem o tem. Pois se o seu opositor é torpe, abandonará a verdade por não lhe pertencer e a ela lhe caberá ficar, o que a este será pior. Frente ao seu adversário, o melhor é abraçar o correto, pois o seu oponente, ao deixar de lado o justo e o certo, ficará fragilizado e poderá ser derrotado (142).

22.

NÃO SEJA CHOCANTE OU EXCÊNTRICO TENTANDO SAIR DO LUGAR-COMUM. Os extremos são daninhos. Tudo o que contradiz o bom sentido é uma necessidade. O paradoxo e o inusitado produzem uma aparente admiração por serem inovadores e incitantes, mas unicamente no primeiro momento. Logo, quando pensarem um pouco, fugirão desenganadas, desvairadas. É como um adorno, uma confusão, que em política ou nas empresas causa a ruína . Aqueles que não conseguem se destacar por suas virtudes, algumas vezes, tratam de fazê-lo por meio do chocante e do impactante. Até conseguem a admiração dos torpes, mas sempre terão o desprezo dos admiráveis. Esses têm pouca ponderação em suas decisões e, por isso, são tão opostos à *prudência*. Geralmente, quem busca o chocante se afunda no falso, submerge no incerto e corre o risco de não conhecer o verdadeiramente importante (143).

23.

NÃO SEJA MUITO RÁPIDO NEM EM ACREDITAR E, TAMPOUCO, EM DECIDIR. Ao maduro se conhece pela paciência em analisar antes de acreditar. Como é fácil que lhe mintam, não seja fácil em acreditar. Busque não dar a entender ao outro que não lhe acredita, já que isso é descortesia, pois pensará que o considera enganador ou enganado. Se der a entender que não acredita, podem considerá-lo mentiroso, pois parte da natureza daquele que mente é não acreditar em ninguém, nem ninguém nele acreditar. Tampouco seja rápido ao decidir, pois logo estará com problemas. Deixar uma decisão para depois é um ato inteligente. Acredite na frase antiga: "uma forma de imprevidência é a facilidade com que se decide". Quem mente com a palavra também mentirá com obras e, nestes casos, o engano é maior (154).

24.

Ajude os seus amigos, mas não se arrisque em demasia ou desnecessariamente. A desventura de alguns pode ser a ventura de outros, pois não haveria espertos se não fossem os crédulos. Os infelizes conseguem quase sempre a compaixão e o agrado. Querem que lhes devolvamos o que lhes tirou o destino, por sorte e, às vezes, até por falta de competência. Entretanto, se este mesmo amigo infeliz e de má sorte tivesse posses e bens, seria melhor. Seria aborrecido por um rico, o que é melhor. A compaixão pelo caído e a consequente ajuda ainda podem tornar-se motivo de vingança, pois o infeliz sempre achará que lhe fez pouco; poderia ter feito mais, muito mais. Aprenda a direcionar e a gerenciar sua sorte com habilidade. Não seja dos que sempre estão com os infelizes. Ajudar aos outros pode mostrar nobreza, mas é carência de sagacidade. Ame e ajude ao desafortunado, mas não arrisque o que é seu (163).

25.

Não se deixe levar pelo vício da presunção. Todos os devaneios com supostas grandezas são presunçosos, discutidores, caprichosos, petulantes, extravagantes, exibicionistas, burlescos, intrometidos, contraditórios, sectários e todo o gênero de características dos insensatos. São os monstros da impertinência. A disfunção da alma é mais deformante que a do corpo, porque desdiz a beleza moral. E quem corrigirá tão vulgar imperfeição? Onde falta sensatez não há lugar para correção. Ambas começam com a observação de si, acompanhadas de reflexão, mas o presunçoso não enxerga, pois os aplausos que imagina estar ouvindo lhe impedem de escutar a razão (168).

26.

É FATAL, UM ERRO PESARÁ MAIS NA SUA VIDA DO QUE CEM ACERTOS. Ninguém olha para o sol quando está resplandecendo a pino. Ele é apenas visto quando eclipsado. O homem comum não tomará notas dos seus acertos, senão dos seus erros. São mais mencionados os maus para intrigas que os bons para elogios. Muitos permaneceram na obscuridade até delinquir. Desengane-se e seja cuidadoso, pois os mal-intencionados lhe apontarão todas suas faltas e nenhum de seus logros e acertos (169).

27.

NÃO GASTE FAVORES. Peça-os apenas quando precisar. Não se pede algo pequeno para alguém de confiança que em outras ocasiões poderia dar-lhe mais. Será um desperdício de favor. A sua joia mais cara deve ser usada contra o seu maior risco. Se estiver precisando de pouco, abuse muito, o que vai desejar quando voltar a necessitar? Muito importantes são aqueles que nos fazem favores. Nada é mais valioso que um favor quando urgente. Aquele que o concede faz e desfaz do mundo, dá e tira bens. Os habilidosos por natureza ficam enciumados com a capacidade de manter a sorte. Mas deve enciumar mais a capacidade de conservar pessoas, mais valiosa que a de conservar bens (171).

28.

Não se guie pelo que faria seu inimigo. O tolo nunca fará o mesmo que o sensato e vice-versa, se assim fizer não encontrará o que busca. Se é discreto, não fará como o néscio, pois irá contra os seus propósitos, é o que estará esperando que faça. Pense bem sobre os assuntos, observando-os de todos os pontos de vista, conhecendo bem as duas vertentes: a sua e a do seu adversário. Deve saber decidir. Coloque atenção em tudo, pois não deve fazer nada de maneira indiferente. Faça o que dita seu caráter e não o que faria aquele que se lhe opõe (180).

29.

Nunca seja muito aferrado às suas opiniões. Todo tolo é obstinado e todo obstinado é tolo quando está equivocado e, principalmente, com mais tenacidade se enterra. Ceda, ainda quando, evidentemente, tenha razão. Se ganha mais com a educação mostrada do que com o juízo adquirido. O que se perde encerrando-se numa ideia se ganha multiplicado, quando de forma cortês cede em algo. Obstinar-se não é defender a verdade, senão ser grosseiro. Se em uma cabeça se juntam a obstinação e o capricho, estes se transformam em duro ferro, difícil de modelar. É um extremo irremediável da necessidade. Sua firmeza deve concentrar-se em sua vontade, não no arrazoamento, que há de ser flexível. Apenas em casos excepcionais não se deve ceder: quando significar uma derrota para os seus altos propósitos ou lhe afrontar a moral. Nunca se deve abdicar da verdade, pois perde-se duas vezes: uma nas palavras outra por atos (183).

30.

Em vez de falar do passado, traga boas novas. É uma amostra do seu bom gosto e de seus elevados sentimentos e que, ainda mais, deve respeito aos que escutam. Lembre que alguns, como os seus subordinados, são obrigados a escutá-lo. Aqueles que souberam reconhecer suas glórias no passado também saberão reconhecê-las no presente. Em vez de falar do passado, de autoelogiar-se, traga boas novas e fale do agora, pois assim os seus dependentes tratarão de imitar suas atitudes corretas. É uma tática excelente valorizar os feitos e os objetivos alcançados. Não faça como aqueles que, ao contrário, se dedicam a insultar o antecessor e a dar vãs lisonjas ao atual, cometendo o abuso de depreciar quem está ausente e não pode se defender. Isso só lhe sairá bem se estiver tratando com ignorantes e torpes, que não se dão conta da maledicência que é falar mal de uma pessoa quando estão com outra. Que não lhe confundam os que estimam mais as mediocridades de hoje que as grandezas do passado. Use a inteligência para descobrir as sutilezas daquele que chega. Assim, não lhe causará surpresa ouvir seu exagero nem as lisonjas de alguns tolos que o recebem. Porque ambos usam do mesmo falso truque: mudar a direção de suas palavras ocas para ajustar-se ao lugar em que foram ditas (188).

31.

Não faça empreendimentos com os tolos. Associar-se aos néscios é erro de quem não os conhece e grave equívoco de quem os conhece, mas deles não se separa. São perigosos para suas relações e muito daninhos para os negócios, em especial para aqueles que requerem confiança e discrição. E ainda que durante um tempo ele permaneça longe, cedo ou tarde, o néscio fará ou dirá algo para prejudicá-lo. São infelizes e desconformes, um sobrepeso para quem os carrega.

A única coisa boa de um tolo é seus erros servirem de experiência para os sábios, por havê-los ouvido ou sofrido escárnio por ter-se a eles associado (197).

32.

Se existirem pessoas vulgares ou problemáticas no seu círculo social ou na sua família, seja discreto, não conte a ninguém. Há vulgares e ordinários inclusive nas universidades e, até mesmo, nas famílias mais sofisticadas. Este defeito deve-se guardar a portas fechadas, com discrição. O mais vulgar dos vulgares é quem diz a todos que é como um espelho quebrado, cujo brilho faz revelar o seu defeito. O falador é néscio, censurador e impertinente, discípulo da ignorância, padrinho da torpeza e sobrinho dos murmúrios. Não escute aquele que fala em demasia, que não sabe o que diz e muito menos aquilo que pensa. É importante aprender a identificá-lo e dele manter-se longe, para que não seja visto entre os que fazem o jogo e colocam-lhe atenção, nem seja objeto de seus falatórios. O néscio é vulgar e aqueles que o acompanham são igualmente tolos e vulgares (206).

33.

Não queira o que todos querem, seja feliz com o que tem. Se é assim, é porque possui uma sensatez especial. Esta qualidade é muito necessária para quem começa sua carreira, pois alguns, inconformados com o que têm, caem no desengano de desesperar-se por não alcançar o que outros possuem. É mal que não esteja contente com a sua sorte e carreira, ainda que saiba que tenha sido tão boa. Igualmente mal é o contrário: estar conformado com a sua capacidade, ainda que tenha conhecimento de que é um medíocre. Outro erro a se evitar é cobiçar a sorte alheia e aborrecer a sorte que lhe pertence. Muitos têm necessidade de alardear as coisas que fizeram ontem ou louvar as qualidades de outros países ou empregos, como se o passado e o distante fossem melhores do que o hoje e o aqui. Tão torpe é aquele que ri por tudo quanto o que sofre por tudo (209).

34.

NÃO QUEIRA, E MUITO MENOS, ABORREÇA PARA SEMPRE. Conte que seus amigos de hoje poderão ser os inimigos de amanhã. Assim como mudam as circunstâncias, varie a sua atitude. Não dê armas para as amizades passageiras e momentâneas, pois no futuro poderão ser-lhe usadas contra. Não entregue a sua devoção a qualquer um, pois os oponentes se aproveitarão para lhe fazer maior dano. Com os amigos, secreta prevenção. Com os inimigos, aberta atitude de reconciliação. Sobretudo, empregue com este objetivo seu cavalheirismo. É o que lhe assegura melhores resultados. Não use nunca a vingança, pois logo irá atormentar-lhe a possibilidade de seu retorno. E pior: pode pesar-lhe a justiça, pela maldade feita (217).

35.

FUJA DO VÍCIO DE SER EXCÊNTRICO, PARA NÃO FAZER RIDÍCULO. Uns presumem ser formais até o extremo do ridículo e outros informais até provocar burlesca risada. Ambos querem notoriedade, pelo vício de querer ser extremamente diferentes. Chegam tão longe em suas ações que suas formas são vistas mais como defeitos que diferenças, de sorte que, assim como alguns são conhecidos por ter um rosto feio, outros o são por seu estranho estilo de andar, vestir e até sentar. Não caia nunca nestas excentricidades, que não servem para nada a não ser mostrar o palhaço impertinente que umas vezes causa risadas e, em outras muitas, aborrece (223).

36.

NÃO TOME DECISÕES GUIADAS PELA PRIMEIRA IMPRESSÃO. Não seja como muitos que se deixam arrastar e comprometer com o primeiro que aparece para depois se arrependerem. O primeiro que se vê é quase sempre falso. Assim, perde-se a oportunidade de tirar proveito daquilo que é verdadeiro. Não deixe que a sua vontade seja seduzida pela primeira impressão, nem que o seu entendimento se conforme e siga um primeiro arrazoado qualquer, pois com isso apenas mostrará ser superficial. Não seja como o cálice novo, que se impregna com o perfume do primeiro licor barato. Pois quando descobrirem esta sua fraqueza, de superficialidade, se aproveitarão e virão sempre com impressões coloridas e românticas para seduzir sua credulidade. Deixe sempre um lugar para a revisão. Faça como o macedônio Alexandre, que guardava o segundo ouvido para escutar uma nova versão. Deixe sempre espaço para uma segunda e terceira informação; assim, terá escolhas e opções. Se diz que ninguém pode lhe impressionar, está equivocado e muito perto de se exaltar. É melhor saber o que pode impressioná-lo e deixar que cheguem, à sua presença, uma segunda e terceira impressões e outras mais, antes de decidir (227).

37.

CUIDE PARA NÃO DIZER UMA PALAVRA POR OUTRA. "Cuidado para não trocar as bolas", diz o dito popular. Confundir aquilo que dizemos ou fazemos é como deixar o prazer se tornar um pesar. Muitos se dedicam a algo e logo se sentem enfastiados, isso porque não compreenderam sua verdadeira vocação. Como tudo depende da habilidade que tem, o que para alguns são elogios para outros são ofensas. O que parecia ser um bom serviço foi um desastre. E, neste caso, poderia custar mais aquilo que se fez e resultou em desgosto quando comparado com o desejado e planejado. Por isso, perde a oportunidade de apresentar um bom trabalho e o dom de satisfazer seus superiores. Alguns pensaram que elogiavam quando, na verdade, vituperavam e, por isso, receberam merecido castigo. Muitos pensam que seu palavrório é agradável eloquência, quando, ao contrário, aporrinham a alma alheia com seu comportamento (233).

38.

NÃO SEJA TODO BONDADE. Evite fazer o tipo "eu sou legal". Ao agir, mova-se sempre com a vivacidade da serpente e a candidez da pomba. Não há nada mais fácil de enganar que um homem de bem. Como nunca mente, acredita sempre que lhe dizem a verdade, pois confia muito aquele que nunca engana. Nem sempre o enganado o é por ser tolo. Em muitos casos, é por ser bom. Dois tipos de pessoas sabem livrar-se dos enganos: aqueles que por experiência já foram muito enganados e os muito astutos, que viram os outros serem enganados e enganaram os enganadores. Cultive também a habilidade de ser cauteloso, porque é assim que o astuto não se deixa enganar. E não chegue ao extremo de ser muito bom, pois isso serve de tentação para que os outros resolvam fazer-lhe mal. Seja uma mescla de serpente e pomba, nunca enganador, mas sempre cuidadoso (243).

39.

NÃO SE DESCULPE COM ALGUÉM QUE NÃO LHE PEDIU QUE AGISSE ASSIM. Ainda que lhe peçam que se desculpe, isso é uma falta desnecessária. Desculpar-se antes do tempo é culpar-se, ferir a si mesmo estando com saúde, é dar argumento a quem quer lhe fazer mal, abrir caminho ao malicioso, é dar ideias a quem não deveria dar. Jamais comece uma conversa ou palestra se desculpando. A desculpa antecipada desperta receios adormecidos e medos contidos. Nunca devemos dar mostras de que somos suspeitos de algo, pois isso é como sair para buscar o agravo. Se pensar que lhe suspeitam ou da sua competência, o que deve fazer é curar-se com sua integridade de caráter e honestidade de conduta (246).

40.

Não se descuide. Não deprecie um problema apenas porque é pequeno, pois os problemas nunca andam sozinhos. Os problemas vêm uns atrás dos outros, encadeados, como os momentos felizes. Frequentemente, a felicidade e a tristeza vão mais onde há mais: a felicidade flui para onde há mais felicidade e a tristeza busca o seu igual. Todos se afastam do infeliz, mas se aproximam do venturoso. Até as pombas, que são pouco inteligentes, acercam-se do local onde há mais migalhas. Tudo falta ao infeliz, até ele falta a si mesmo, faltam palavras e orientação. Não se deve despertar a infelicidade enquanto esta dorme. Se tem sorte, não procure por problemas. Pode acontecer-lhe um pequeno deslize. Se não o curar a tempo, cairá num precipício fatal, sem saber onde irá parar. Deste modo, como alguém que não chega a ser muito grande, porque sempre haverá outro maior, nenhum mal é o maior, pois sempre maiores males virão em cadeia. Para o mal que vem do céu, tenha paciência; para o que vem do solo, tenha *prudência* (254).

41.

Não persista nas necessidades. Há um momento em que se deve parar. Existem os extremamente obstinados que colocam tanto empenho em seus desacertos que, mesmo sabendo que estão equivocados, dão mais importância ao orgulho de sua constância que ao reconhecimento e à saída do errado. No fundo da sua intimidade, sabem que estão errados, mas defendem ao extremo sua postura com paixão. Fazem como se, ao começar a defender sua tola afirmação, alguém lhes acusasse de caráter débil e, para negar este suposto defeito, persistem na necessidade. Sua vaidade lhes impede de compreender que nada os obriga a defender o indefensável, nem o compromisso feito sem pensar, nem a decisão equivocada. Livre-se de ser como esses que, logo após sua primeira grosseria, persistem até chegar à baixeza e, algumas vezes, até à violência. Sua pequenez de alma os faz ser constantemente impertinentes (261).

42.

NÃO SE DESCUIDE, NÃO DEIXE QUE A SORTE TOME CONTA DE NADA. A sorte tem o mau costume de burlar-se, provocando todo tipo de acidentes, sempre que estiver desprevenido. A sorte, sempre deve ser compartilhada com a inteligência, a *prudência*, o valor e até com a beleza, porque quando estiver mais confiante que nada lhe ocorrerá, virá o que lhe desprestigia. A displicência é irmã da desgraça, e ambas são inimigas da sorte. E com grande frequência o cuidado faltará quando mais necessitar, por não pensar no obstáculo que poderia vir. Também alguns usam o estratagema de aproveitar-se de um descuido para fazer um rigoroso exame da sua vida e saber se tem alguma falha ou fraqueza. E os seus inimigos saberão quais são os dias em que ostenta o seu poder. O astuto cala e faz crer que lhe perdoa, mas aceita e usa o dia mais insuspeito para colocar os seus valores e conhecimentos à prova (264).

43.

NÃO SEJA INTROMETIDO E NÃO SERÁ OFENDIDO. Dê valor a si mesmo, se quer que o valorizem. Seja antes avarento do que pródigo. Poupe exibir-se, apareça pouco e será valorizado quando lhe pedirem. Se desperdiçar seu tempo intrometendo-se em assuntos alheios, terá pouco resultado com o que falar ou fizer. Inclusive, ainda poderá escutar "não se intrometa onde não foi chamado". Se calar, será desejado e bem recebido ao agir. Nunca vá aos lugares para onde não foi chamado, nem tampouco vá para onde ninguém o mandou. Quando intromete-se por decisão própria em disputa alheia, o que acaba perdendo culpa-lhe e o que sai ganhando nunca lhe agradecerá. O intrometido é vítima do desprezo de ambos, por intervir em algo que não lhe pertence (284).

44.

Não comprometa tudo, nem com todos. Aquele que compromete seus bens será escravo daquele a quem deve. Comprometendo-se com todos, será escravo de todos. Uns parecem ter nascido mais predestinados do que outros: os primeiros para fazer o bem e outros para receber o bem. Sua liberdade é mais valiosa que os seus bens, ainda que, quando comprometa-se com alguém, ambos se percam. É melhor que muitos lhe dependam do que dependa de um. A principal vantagem daquele que governa é que ninguém tem mais capacidade para fazer favores. O que faz favores compromete. Um bom conselho: nunca considere aquilo que lhe dão por obrigação como um favor recebido. Os astutos querem fazer acreditar que lhe fazem um favor para convencê-lo do seu comprometimento, pois bem sabem que o obrigam (286).

45.

Nunca aja com paixão, pois o erro é certo. Não tome decisões quando não está sereno, pois a paixão sempre obscurece a razão. Deixe que lhe substitua um terceiro que seja prudente e desapaixonado. Aqueles que apenas assistem ao jogo sempre enxergam melhor os lances do que aqueles que jogam, pois o interesse daqueles não está em risco, não se apaixonam. Quando sentir que está alterado, enfurecido, fora de si, retire-se e reflita para que seu sangue não comece a ferver. A decisão ou ação em fúria, no melhor dos casos, por muitos dias lhe deixará confuso e triste, sofrendo a murmuração alheia, em prejuízo do seu prestígio e do seu crédito (287).

46.

Quando fizer uma façanha, não queira logo mostrá-la. Julgam ser muito notáveis aqueles que têm menos feitos para pretendê-lo. Por tudo o que fazem querem receber glória. São camaleões multicoloridos em busca de aplausos, mas apenas provocam a burlesca risada do todo. Os afetados pela banal vaidade sempre conseguem ser enfadonhos e hilários: são formiguinhas famintas de honra. Não se preocupe em fazer notar suas excelências. Satisfaça-se em obrar e deixe para os outros a decisão sobre o valor dos seus atos. Faça que as suas façanhas se vendam por si. Nunca aja como o medíocre, que aluga uma caneta de ouro para escrever seus feitos tolos, que atentam contra o bom-senso. Aspire a ser admirado e não a parecê-lo (295).

Parte 5
Conhecer a vida e entender a alma das pessoas

"O homem cuidadoso, que sabe olhar por dentro, conhece a vida"

Gerencie as coisas para que sempre sejam feitas com uma intenção inesperada.

A vida do homem é uma luta contra a malícia do próprio homem.

Para ser competitivo, é preciso aprender a ser sagaz em matéria de conhecer e entender a alma das pessoas e surpreender a todos, especialmente aos seus superiores, desempenhando funções e tarefas além de suas expectativas.

Nos relacionamentos, deve-se ter todo o cuidado com aquele que tenha muita experiência em negociar ou discutir, pois – havendo obtido tal capacidade – ele aumentará a simulação a tal grau que poderá enganar com a mesma verdade. Quem entende a alma das pessoas pode mudar o jogo e obrigar o adversário a trocar de estratégia com o artifício de não fazer artifícios, agindo sempre com observação cuidadosa. É mandatório "entender a perspicácia do oponente, descobrindo os truques que ele preparou" (GRACIÁN, 1995).

Comportando-se desta maneira, compreendendo a atitude daqueles que nos rodeiam, decifraremos os objetivos do adversário, que mais sensível se tornará quanto mais solapado estiver.

Estude, penetre, vasculhe o íntimo, "decifre as intenções, mesmo aquelas que pareçam mais singelas" (GRACIÁN, 1995).

1.

Faça fama e fortuna e, se possível, as duas em uma. Aquele que tem uma delas de forma inconstante tem a outra firme. A primeira serve para o agora e a segunda para o amanhã. A fortuna luta contra a inveja e a fama contra o esquecimento. A fortuna se deseja, alimenta-se e se busca; a fama, apenas se diligencia. O desejo de reputação deve nascer da virtude, não de um plano de ação. A fama sempre tem sido irmã da grandeza. Por ela, a gente famosa vive sempre pelos extremos: são monstros ou prodígios, dignos de abominação ou de aplauso (10).

2.

COMBINE SEMPRE SABEDORIA, CONHECIMENTO E ESFORÇO. Não existe grandeza sem a combinação destes atributos; porém, não tenha nenhum em excesso. Mais se consegue um talento mediano, com dedicada aplicação, do que um gênio sem ela. A natureza é repleta dos chamados "gênios improdutivos". A reputação se compra a preço de trabalho e esforço e se valoriza por ele, pois pouco vale aquilo que custa pouco, ainda que, para os empregos mais simples, a aplicação seja um requisito básico que raras vezes se opõe ao gênio. Muitos são excelentes num posto mediano, porque isso os previne do desespero de chegar a um cargo mais alto na organização, no qual nunca passarão de dirigentes medíocres. Isso é muito ruim, mas é ainda pior conformar-se em ser medíocre num cargo alto, podendo ser excelente num médio. Deseja-se, pois, que se tenha talento natural e que o seu esforço e suor completem o restante (18).

3.

PONDERE, E DÊ MAIS AO QUE IMPORTA MUITO. Por não fazer clara ideia do todo, nem pensá-lo, se perdem todos os tolos. Isso lhes impede de perceber o dano da conveniência e aplicar as forças necessárias para atingir os objetivos. Muitos ponderam sempre ao contrário, por dar muita proeminência àquilo que não têm e dar pouca ao que realmente necessitam. Existe o que deve ser estudado com toda profundidade. Isto é o que faz o sábio com os problemas que lhe apresentamos, o que lhe permite distinguir claramente, e a fundo, os detalhes. Pondere: talvez exista muito mais do que consegue ver à primeira vista, de sorte que, do pensamento e da análise, saem o cuidado e a prevenção (35).

4.

Compreenda os momentos de sorte e azar. É característica dos bons jogadores manter a reputação. Tanto importa uma bela retirada quanto uma bizarra acometida. Tem grande importância saber valorizar suas façanhas, assim como entender quando estas bastam e quando são muitas. A grande felicidade é sempre recebida com suspeita. A felicidade, é mais segura quando intercalada e, se tiver algo de agridoce, será mais bem desfrutada. Quanto mais desesperar-se para manter a sorte, mais risco corre de cometer um deslize e perdê-la. Se sua sorte é breve, pense na intensidade da felicidade que teve e isso vai lhe servir de recompensa. Até a sorte se cansa de levar o homem nas costas por muito tempo; assim, é muito prudente preparar-se para subir e baixar, enfrentar momentos afortunados e outros de azar (38).

5.

Se tiver grandeza interior, é uma pessoa melhor. Sempre terá mais valor o interior que o exterior. Existem aqueles que são apenas fachadas, como projetos por acabar, porque lhes faltou competência ou força; são como algumas casas, entradas de palácio e quartos de palhoça. Não existe neles nenhuma ideia importante. Com a primeira saudação termina a conversação, pois se esgotam as palavras onde não existe nenhum conceito transcendental. Enganam facilmente a outros, superficiais como eles. Mas o homem cuidadoso, que sabe olhar por dentro, descobre sua tola fábula e sua ausência de sabedoria (48).

6.

Seja um homem de boas saídas. Na casa da sorte, o que entra pela porta do prazer geralmente sai pela porta do pesar e vice-versa. Busque na sua vida mais felicidade na saída do que aplauso de entrada. Um fato muito comum é ter inícios favoráveis e trágicos finais. As pessoas comuns costumam vangloriar-se na entrada, mas os aplaudidos na saída são alguns poucos eleitos. A sorte e a fortuna são assim: parecem simpáticas quando vêm, porém soam de maneira descortês quando vão (59).

7.

Cultive o gosto por aquilo que é relevante. É resultado de cultura e inteligência. Com isso se aprende a dominar o apetite de desejar e depois o deleite de possuir. Conhece-se a sua altura pela elevação dos seus gostos. Os pratos mais deliciosos são para os excelentes paladares, e as ciências elevadas para os altos gênios. O bom gosto se herda, mas também pode-se adquiri-lo com o trato. Não caia no erro de ver defeitos em tudo e rechaçar o todo por um afã artificioso e afetado de presumir que está mostrando bom gosto. Não chegue ao extremo, como alguns, de querer que Deus crie outro mundo para satisfazer suas extravagantes fantasias de perfeição. Perfeccionistas e detalhistas normalmente são aborrecidos e desempregados (65).

8.

O importante é que tudo saia bem. Alguns colocam mais atenção na forma de fazer que no alcançar aquilo que buscam. Entretanto, mais reconhecimento se ganha ao conseguir o perseguido do que a forma de fazê-lo. Quem triunfa não necessita explicar como conseguiu o feito. A maioria se interessa mais pelos êxitos obtidos que pelo processo e pelas lutas para consegui-lo. Nunca perdemos a nossa reputação se conseguimos alcançar nossos objetivos. E se houver necessidade de ir contra os procedimentos rotineiros, faça-o, se por esta via conseguir alcançar a meta. Mas não exagere, pois o mal e a mentira raramente triunfam. Ambos "até podem trazer a fortuna, mas nunca a glória".[50] (66)

9.

TOME MUITO CUIDADO AO INTERPRETAR O QUE LHE CONTAM. Dependemos muito do que nos dizem. É muito pouco o que podemos ver diretamente e, assim, somos obrigados a ouvir o que nos falam. O ouvido é a segunda porta da verdade e a primeira da mentira. A realidade que se vê com frequência se exagera ao ouvido. Os outros sempre fazem coisas muitos grandes e belas, principalmente se forem nossos amigos. Os outros compram barato e vendem caro. Já os inimigos, os descrevemos como mais tolos do que realmente são. Raras são as vezes que lhe trazem a verdade pura e menos ainda quando ela vem de longe ou de segunda não. A verdade sempre chega com alguma mescla; pode ser do sofrimento de quem a traz, o que toca a paixão, odiosa ou favorável. Tende sempre a impressionar. Uns a elogiam, outros a vituperam. Sumo cuidado terá que dedicar a este ponto, para descobrir a intenção daquele que lhe fala e saber de antemão até onde se inclina. Use bem sua reflexão para saber o que lhe falta e para saber onde é falso o ato alheio (80).

50 Aqui, o autor cita um trecho de Nicolau Maquiavel em *O príncipe*, escrito em 1513 e publicado em 1532. Com a citação, Gracián quer dizer que o mau comportamento pode até levar o homem a conseguir fortuna, mas jamais a glória.

10.

Permita-se algum venial deslize. Existem ocasiões em que um descuido pode ser recomendado. Um pouco de inveja, por exemplo, não há por que ser castigada. Pois se nota, no muito perfeito, pecado por não pecar e, por ser perfeito em tudo, todos haverão de condená-lo. Existem aqueles que são espertos em buscar faltas no muito bom, para consolar-se perante seus próprios defeitos. A censura fere como um raio até as virtudes mais brilhantes. No entanto, durma tranquilo, pois talvez até mesmo Homero[51] tenha cometido um deslize na inteligência, na valentia, mas nunca teria o deslize da falta de *prudência*. O único deslize que não se deve permitir é o da raiva, pois ela aniquila qualquer tipo de *prudência* (83).

11.

O segredo de viver muito é viver para o bem, não de viver bem, muito menos do bem. Duas coisas acabam de pronto com a sua vida: a necessidade e a incompetência. Uns fracassaram por não saber controlá-las e outros por não querer tê-las. Assim como a virtude é um prêmio, o vício é em si mesmo um castigo. Quem pronto entra no vício muito cedo acaba viciado. E quem desde jovem entra na virtude terá uma vida larga. Os benefícios da sabedoria de alma, quem os recebe é o corpo. Assim, se vive para o bem, terá não apenas vida longa, boa e intensa: a terá também em abundância (90).

12.

É fundamental pensar em tudo muito bem. Tudo, tudo. É a primeira e mais alta regra que deve reger suas palavras e ações. E pensar mais, muito mais, quanto maior for o cargo que ocupar.

---

51 Homero foi lendário poeta épico da Grécia Antiga, ao qual tradicionalmente se atribui a autoria dos poemas épicos *Ilíada* e *Odisseia*. Gracián afirma que até Homero teria errado, assim, porque nós simples mortais também não erraríamos.

Mais vale um grão de *prudência* do que muitas arrobas de intrepidez. Só deve avançar aquele que está seguro, ainda que não seja tão celebrado. A reputação do sensato é a melhor das famas. Para o seu bem, basta satisfazer aos sensatos, cujo voto é a pedra fundamental[52] dos seus acertos (92).

13.

DÊ TANTA IMPORTÂNCIA PARA A REALIDADE QUANTO PARA A APARÊNCIA. Nada se apresenta como é, mas como aparenta ser. Existem até os que dizem que uma mentira tantas vezes repetida torna-se verdade. São poucos os que conseguem decifrar o profundo e são muitos os que se enganam com as aparências. Não seja um deles, especialmente no trabalho. Por isso, de nada lhe servirá ter razão se não conseguir também aparentá-la, fazê-la ver-se (99).

14.

E QUANDO TIVER MUITO, PREPARE-SE E POUPE PARA QUANDO NÃO TIVER NADA. Aproveite o cálido verão e prepare-se para receber o duro inverno. Em seus bons tempos, este trabalho será cômodo, pois facilmente lhe farão favores e lhe abundarão as amizades. Fora da bonança se experimenta a dura realidade da vida. Bom é guardar para quando o mal tempo chegar, porque então tudo será adverso, caro e limitado. Quando tiver sorte e dinheiro, não abandone os seus amigos, considere que algum dia estes lhe farão falta, pois perceberão que lhes faz caso e não o esquecerão. O farsante nunca tem amigos; na prosperidade, porque os ignora, e na adversidade, porque o ignoram (113).

52 Pedra fundamental é o nome que se dá à cerimônia de colocação do primeiro bloco de pedra ou alvenaria acima da fundação de uma construção. Cerimônia simbólica com origens celta e maçônica, a colocação da pedra fundamental significa o início efetivo de uma edificação. A *pedra fundamental* "assinala, geralmente com solenidade, o início de uma obra importante". Em sentido figurado, Gracián a usa como o "início dos seus acertos".

15.

Não dê importância ao que não têm. Alguns costumam converter tudo em problema; outros, em algo sério; poucos em solução. Dão mais importância as coisas do que elas realmente tem, convertendo em disputa aquilo que não é. Alguns gostam de procurar e acabam encontrando problemas onde não existiam. O que era grande torna-se pequeno e se dissolve no tempo, se não lhe fizer caso. Ou o pequeno se torna grande porque lhe dedicou demasiada atenção e cuidado. Tome conta que sempre será fácil terminar algo que comece, mas, depois que dedicar certo tempo, será difícil acabar. Muitas vezes, as enfermidades dispensam remédio; se as deixa, saram por si. São frequentes as ocasiões em que é bom deixar fazer, deixar passar (121).

16.

Tenha grandeza de alma e de espírito. Ser magnânimo é um dos principais requisitos do heroísmo, porque fortalece os grandes valores morais, realça o comportamento, engrandece o coração, eleva o pensamento, dignifica a condição e sustenta a distinção. Em qualquer lugar que esteja, sua magnitude brilhará, ainda que o invejoso, que desespera-se por destacar-se, trate de torná-la opaca. A magnanimidade fortalecerá sua vontade para quando for necessária a violência. Todos reconhecerão que é magnânimo quando mostrar generosidade na vitória e dignidade na derrota. Aí está a maior virtude do heroísmo (128).

17.

Comporte-se sempre com muita educação. As grandes almas têm sua generosidade, seu espírito galhardo e uma boa educação que demonstra um elevado coração. Não é qualquer um que pode alcançar este nível. Para chegar até lá é preciso ser magnânimo. A primeira mostra consiste em falar bem dos seus rivais e agir com honestidade na sua frente. Outra das melhores provas da sua grande alma está na sua atitude com relação à vingança. Consiga convencer os demais de que, se por hipótese absurda, veja-se obrigado a vingar-se, não faz isso apenas para vencer um inimigo, ele não lhe deixa outra saída. Também pode renunciar a ela em uma surpreendente mostra de generosidade. Pode dar outro exemplo de fineza quando não exibe a sua importância social. Nunca ostente seus êxitos. E, quando fizer algo inusitado, chamando a atenção de todos de que merece honra, dissimule o fato com discreta ingenuidade (131).

18.

Pense em tudo mais de uma vez. Tornar a pensar sobre o que já tinha pensado é importante para a sua segurança. Tomar seu tempo para conceder o que lhe tenham pedido ou para melhorá-lo é útil. Encontrará, assim, novas razões para fundamentar suas decisões. E, em se tratando de dar, pense que estimariam aquilo que ponderou, antes de conceder, muito mais do que se lhes tivesse entregado fácil e rapidamente. Sempre estimamos profundamente o que gastamos longo tempo desejando. No caso em que veja-se obrigado a negar o pedido, conceda a si um prazo para pensar, terá a oportunidade de amadurecer o "não", pois possivelmente já terão perdido o calor com que desejavam o objeto, terão o sangue mais frio e sentirão menos o desgaste da sua negação. Para aquele que lhe pede pressa, concede-lhe apenas uma parte; isso é outra tática para diminuir a tensão (132).

19.

Domine a arte de "deixar passar". Mais ainda grandes conflitos entre os que lhe cercam. Lembre-se: a pureza e a perfeição só existem na química, nunca na alma. Quando os homens estão no mar revolto, com torvelinhos entre uns e outros, quando as vontades estão descontroladas, então o melhor é retirar-se em silêncio para um lugar tranquilo e pensar. Assim, evitaremos tomar decisões equivocadas naquelas situações em que, querendo curar um mal, o pioramos. Deixe que as águas tomem seu próprio curso. Faça como o bom médico: saiba quando receitar, porque, às vezes, o remédio consiste em não aplicar remédio. Ocasiões existem em que os problemas se complicam tanto que o melhor é sossegar-se, cedendo terreno ao outro agora, de modo que o possa vencê-lo no futuro. Uma fonte de água revolta apenas poderá voltar a ser limpa se a deixarmos que serene sozinha. Existem certos conflitos cujo remédio é deixá-los passar, porque assim desaparecem, por si, apenas. Lembre-se: perdeu a têmpera, perdeu a razão, perdeu a calma, perdeu tudo (138).

20.

APRENDA A CONHECER UM MAU DIA. Existem dias em que, de qualquer modo que você agir, a sorte não o acompanhará. Convém que observe bem para retirar-se a tempo e não agir. Dias existem em que até a sua inteligência parece não colaborar. A memória falta. Até um simples relatório fica complicado. Tudo depende de inspiração, de arte, e há momentos em que estas não estão presentes: a sua mente não acerta encontrar aquilo que procura. Dias existem em que tudo lhe sai mau e aos outros bem. Entretanto, terá a sua ocasião e o dia em que tudo lhe sairá bem e terá tudo feito: conhecimento, inteligência e habilidade. Em tudo será uma estrela. Não desperdice esta oportunidade nem um segundo. Até nos cassinos esta nobre lei é empregada.[53] É próprio do

53 Aqui, o autor se refere àquelas pessoas que trabalham nas mesas de jogos dos cassinos. Quando a banca (o cassino) começa a perder, estes profissionais são trocados imediatamente. Há dias em que até eles estão sem sorte.

homem sábio descobrir qual é o dia mau ou bom, da sorte ou da desventura, para agir ou não agir (139).

21.

Mostre apoio à inspiração alheia e lhe será mais fácil conseguir a sua. É a melhor forma de alcançar o que se busca, ainda que, em matéria religiosa, muitos mestres do Cristianismo tenham empregado esta técnica com astúcia.[54] É uma importante forma de dissimular o que serve de atrativo para ganhar a boa vontade dos demais: se convencerão de que luta pelo que buscam e, assim, abrirão caminho aos seus propósitos. Nunca se deve dar o tiro errado e com maior razão quando se tratar de assuntos delicados. Também com quem cuja primeira palavra sempre é "não", deve-se analisar bem, para que não pensem que lhe carece vontade de conceder, muito mais quando o outro sente certa ojeriza. Este conselho lhe será bom para descobrir os que têm uma segunda intenção e que, às vezes, são o máximo em habilidade (144).

22.

Olhe sempre no âmago e descubra a verdade. A aparência é sempre muito diferente do real. Ignorante é quem primeiro se conforma em ver a parte superficial e logo se vê em um grande desengano. Aquilo que se vê à primeira vista, frequentemente, é mentira e arrasta ao torpe a eterna banalidade. A verdade chega mais tarde, com a observação e o tempo. Os homens profundos enxergam apenas a metade do que aparenta ser o dobro. O engano está no superficial e com ele encontram-se os que são igualmente superficiais. A

54 Aqui, provavelmente, Gracián esteja se referindo às virtudes cardeais. Existem muitas virtudes que não são voltadas diretamente para Deus, mas para o nosso comportamento, nossa atitude, nossas ações. Elas nos ajudam a bem agir, a fugir do pecado, a vencer as tentações. Por isso, indiretamente, nos levam a Deus. São as virtudes morais, ou, virtudes que nos ajudam a bem agir.

verdade está sempre dentro, no profundo, é o que apreciam os sábios e os cuidadosos (146).

23.

Não se engane com os outros, é necessário esquadrinhá-los bem. Enganar-se com o outro é o pior e o mais fácil dos enganos no qual caímos. Mais vale que lhe enganem com o preço do que com a mercadoria. Gaste seu valioso tempo com quem conheça intimamente, em seu âmago e verdadeiro ser. Não existe nada que necessite ver-se mais profundamente analisado do que o humano. É a diferença entre o simples conhecer e o profundo entender do outro. O grande sucesso dos gênios é saber distinguir os diversos tipos de homens. Tão importante é conhecer os livros como aqueles que os escrevem; conhecer as palavras como quem as diz (157).

24.

Aprenda a sofrer e será feliz. Os sábios sempre têm sofrido, pois quem traz ciência traz o novo e isso produz impaciência e dor. Toda experiência que ilumina obscurece a consciência e acarreta sofrimento.[55] É difícil satisfazer àqueles que sabem muito. Por isso, a melhor regra do viver, segundo Epiteto,[56] é aprender a sofrer. Deve-se ter paciência suficiente para tolerar todos os infortúnios e necessidades. Às vezes, sofremos muito a causa de quem dependemos para viver, e esta é uma

55 Aqui, o autor faz uma alusão à experiência mística de São João da Cruz, frade carmelita que viveu no século XVI e escreveu o célebre soneto *A noite escura da alma*. Segundo a história, ele teria alcançado a iluminação e a felicidade suprema, não sem antes meditar e sofrer muito. A dor é o caminho para alcançar a sabedoria e a glória, não importa a atividade. No trabalho também é assim: dedicação, renúncia, entrega e esforço são a receita dos vencedores.

56 Epiteto foi um filósofo grego, da escola estoica, que viveu parte de sua vida como escravo em Roma. Até onde se sabe, e não deixou obra escrita, mas seus ensinamentos se conservam num *Manual*, e alguns *Discursos* seus foram editados por seu discípulo, Flávio Arriano. Em sentido figurado, Gracián ensina que não existe sucesso sem esforço, pois Epiteto dizia que, para se viver (ou sobreviver nas grandes empresas), é preciso saber sofrer.

boa ocasião para vencer nossos impulsos e dominar-nos. Sofremos muito mais por aqueles a quem amamos. Do aprender a sofrer nasce a paz preciosa, a maior felicidade da terra. E se não está disposto a aprender a sofrer, retire-se e seja um ermitão, pois ao ver-se só não vai sofrer por não saber tolerar-se. Aprender a sofrer é aprender a tolerar aos que não são como você e ser feliz compartilhando de suas vidas (159).

25.

Conheça e domine os defeitos que mais lhe deleitam. São suas doces faltas. O homem mais perfeito não escapa de alguns. Por ser doce, ele se casa, se amanceba e a eles se entrega. Existem defeitos mesmo nos mais capazes, e quanto mais elevado o posto, maiores são os defeitos, pois se notam mais. Não porque o homem os ignore, senão porque se faz fanático apaixonado e neles viciado. São como manchas que afetam suas virtudes. Molestam tanto àqueles que estão próximos como aos que não estão. É um grande desafio vencer esta paixão e, deste modo, dar verdadeiro realce às suas virtudes. Muitas vezes, arrependem-se de elogiar suas grandezas pelo choque que lhes produz a lembrança destes viciosos defeitos (161).

26.

Aprenda como ajudar a si mesmo. A melhor companhia em um mau momento é um bom coração. E quando este coração fraqueja, deve ser suprido com esforço. Se conhece seu esforço e o emprega com ímpeto, terá melhores resultados. Não se deixe levar pelos deleites da fortuna, pois pode perder tudo o que tem. Alguns trabalham em dobro porque não sabem fazer ou porque não se esforçam. Aquele que conhece suas debilidades sabe como remediar a tempo suas falhas. E, se for ponderado e hábil, tudo lhe sairá bem, mesmo que competindo com os melhores (167).

27.

Faça caso das suas intuições e mais ainda quando tem prova de que deu certo no passado. Nunca ignore os seus instintos, pois podem lhe dar o propósito mais importante: um coração sincero é um oráculo caseiro. Se uma vez pensar que algo vai dar errado, não faça: confira mil vezes e terá centenas de recompensas. Se tiver dúvida ou simplesmente intuir, não execute. Muitos perderam a vida por temerem o que havia em seus corações. De que lhes serviu o temor se não o remediaram? Alguns têm instintos muito bons. É vantagem natural que sempre auxilia e faz perceber o erro e o fracasso quando estes estão próximos para tratar de evitá-los. Não é prudente sair a buscar os males, mas sim preveni-los para vencê-los (178).

28.

O seu poder reside naquilo sobre o que se cala. Cadeado sem segredo é como uma carta aberta. O espírito profundo possuiu segredos abissais. Mantenha espaço para guardar suas táticas e seus planos. Para saber calar, há que se ter grande domínio de si e saber vencer as paixões e os desejos: este é o verdadeiro triunfo. Os que se delatam pagam altos preços. A serenidade interior é a maior das virtudes do prudente. Guardar segredos sempre tem seus riscos, e o seu inimigo tentará revelá-los, pois tentará confundi-lo e contradizê-lo, para desvirtuar suas palavras e ameaçá-lo: de tudo isso se protege o homem cauteloso. Não anuncie previamente o que fará. Não faça promessas, apenas o que tem de fazer. Não se deve tentar fazer o que se anuncia, pois seus adversários estarão prevenidos (179).

29.

Descubra os defeitos dos outros, mesmo dos mais dissimulados. Tenha um olho astuto para descobrir os vícios alheios, ainda que saibam esconder os deslizes espertamente. Saber dos defeitos dos outros não significa revelá-los. Talvez veja os defeitos coroados de ouro, mas isso não os dissimulará. Por mais que se encubram, não é possível desprender-se das faltas. Talvez alguém encubra os vícios, mas nunca os fará passar por virtudes. Alguns tolos dizem: é um herói, ainda que tenha cometido tal erro. Em vez de dizer o correto: por cometer este erro, não é um herói. É tão falsa sua grandeza que seus enganos o enterram, mas insistem e querem apresentá-los como virtudes, sem que alguns bajuladores tomem consciência de que sua aparente grandeza não pode dissimular suas abomináveis baixezas (186).

30.

Aproveite a seu favor a necessidade alheia. Aquilo que não se tem se deseja, e quem o oferece controla a vontade daquele que ambiciona. Os filósofos não dão importância às necessidades alheias. Para os políticos, entretanto, tais necessidades são o que existe de mais importante, e sabem tirar o melhor proveito dessas situações. Para alcançar seus fins, avançam sobre os desejos alheios. Se aproveitam de suas necessidades, dizendo-lhes que é difícil realizá-las, abrindo-lhes o apetite. Destacam mais o sofrimento por não ter o que carecem do que a felicidade de conseguir. As pessoas exageram os problemas que sofrem por não ter aquilo que lhes falta. Fazem sentir o profundo desagrado pelo que estão sentindo, razão pela qual o desejo se multiplica. Uma grande habilidade consiste em deixar sempre uma parte insatisfeita, para que as sigam dependendo de suas promessas (189).

31.

Seja feliz com aquilo que a vida lhe reservou. Cada um possui sua própria sorte. Os tolos possuem com frequência um mundo de sonhos e promessas. Não existe afã sem consolo. Até o tolos possuem sorte por ocasião. E bem diz um ditado: "a sorte da feia, a bonita a deseja".[57] Para viver muito é necessário ver pouco, mas por virtudes. Os cristais são fáceis de quebrar, já os toscos vidros resistem por toda a vida. O destino parece insinuar-se contra pessoas importantes, pois lhes dá breve vida, enquanto alarga a dos inúteis. Quanto mais importante, mais exposto. Aquele que vale muito morre logo e o que tem pouco valor vive uma eternidade. Os desafortunados parecem esquecer tanto da sorte quanto da morte. Por isso, seja feliz com o que tem e se console com o seu, com a fortuna ou sem ela, com vida longa ou curta (190).

32.

Quem doa muita paz recebe muita vida. A chave para se viver feliz é deixar os demais viverem. Mais do que viver, os pacíficos reinam, pois sua bondade produz a confiança pela qual são respeitados, queridos e, sobretudo, ouvidos. O segredo todo é ouvir e ver, mas não opinar. Dia sem pleito, noite de bom sono. Viver muito e viver com gosto é viver em dobro, é o fruto da paz. Aquele que não se intromete em nada que não lhe diga respeito consegue tudo o que quer. Não existe maior despropósito do que tomar tudo a propósito. E o pior dos defeitos é ferir os sentimentos de quem não merece desfeita e não dar sentimentos a quem tem falta deles (192).

57 Afirma este refrão que é mais fácil uma mulher não agraciada em beleza encontre um bom marido do que outra que o seja em demasia. Não é em vão que se diz em italiano: "*é più facile che si mariti una brutta che una bella*". Podemos entender, em sentido figurado, que as mulheres belas são desejadas apenas por seu físico, razão pela qual têm pretendentes superficiais, enquanto as que não são tão agraciadas encontram homens bons, que as querem por suas virtudes. Em sentido mais amplo ainda, Gracián pretende dizer que devemos nos preocupar em sermos aceitos pelas nossas virtudes ou pelo nosso "interior" e menos por aquilo que aparentamos ser.

33.

Todos devem ter uma aspiração na vida. Isso é fundamental para não ser desdenhado ou desprezado, ainda que esteja feliz no momento. O corpo respira por ser corpo, mas suspira para chegar a ser espírito. Se tem tudo que precisa, mesmo a fortuna lhe fará descontente. Até o sábio mais reconhecido estaria muito triste se não tivesse algo mais para desejar aprender, alguma curiosidade para aclarar. A esperança de alcançar alguma coisa a mais de alento para a vida e de alcançá-la é chamada de felicidade. Quando premiar alguém, nunca lhe dê satisfação completa. Se ele não tem nada para desejar, qualquer coisa lhe produzirá temor e frustração. Infeliz daquele que nada quer, pois onde termina o desejo começa o fracasso e a frustração (200).

34.

Tenha sempre em mente que são tolos os que assim parecem e também a metade daqueles que não parecem. É tão grande a quantidade de tolos no mundo que, quando alguém mostra uma pitada de sabedoria, impressiona de modo tal que acreditamos provir de alturas divinas. Mas o mais tolo é aquele que não acredita o ser e acusa os demais de sê-lo. Para ser sábio não basta parecer, nem que alguém pense que é. Existem alguns que acreditam enganar os outros se fazendo passar por sábios, sem se dar conta de que percebem de longe suas tolices e seus erros. Embora o mundo esteja cheio de tolos , ninguém crê sê-lo, eu inclusive. E pior ainda: nem suspeitam. Reflita bem antes de agir e falar, para não ser um deles (201).

35.

Será mais fácil alcançar o que se busca se não colocar demasiada importância no objetivo. Uma tática para alcançar suas metas é não ufanar-se em excesso com relação a elas. Quanto mais se desespera por alcançá-las, mais não consegue e, logo, quando menos ansiar, vêm às suas mãos. O que se propõe a fazer são como os sonhos, pois quanto mais se trata de recordá-los, mais se esvanecem na memória. É mais simples recordar àquele que não interessa recordar. Fogem de quem os perseguem e perseguem quem lhes foge. Também contra seus competidores, a indiferença é excelente forma de desenvolver ataques. Já diziam os sábios: "nunca se defenda escrevendo, pois um escrito pode lhe ser usado contra, mais do que ao seu favor". Não caia na mediocridade dos indignos, que por não terem nada próprio para dar, decidem a atacar aqueles que fizeram obras notáveis e, assim, tentam desprestigiá-los. Se um destes lhe argumenta contra, não faça caso. Existem muitos medíocres que ninguém conheceria se não tivessem atacado grandes homens, mas continuam medíocres, que o diga Antônio Salieri.[58] Não há vingança mais poderosa do que a indiferença, pois esta sepulta a todos. Alguns insensatos pretendem se fazer famosos por haver destruído as maravilhas do mundo. Em vez de responder a quem murmura, é melhor ignorá-los. Contradizê-los lhe rebaixa ao nível do murmurador, e isso lhe prejudica, pois baixa o seu prestígio. Melhor é sentir-se feliz por ter detratores, que são como a sombra, que destaca mais a luz. Sua fama anula a quem lhe difama (205).

36.

É BOM E SAUDÁVEL QUE SEJA SÁBIO E SERENO ATÉ O ÚLTIMO DIA DE SUA VIDA. É frequente que os sábios, no momento de morrer, percam a sanidade e a sabedoria. O contrário ocorre com os

58 Aqui, o autor cita Antônio Salieri (1750–1825), compositor italiano clássico que, em peça ficcional de Peter Shaffer, é retratado de forma crítica por supostamente ter invejado o gênio de Wolfgang Amadeus Mozart, com quem conviveu em Viena até a morte deste. Todavia, não há provas que atestem tal teoria.

néscios durante toda a vida e até a morte há que lhes aconselhar. São tantos os erros dos néscios que seus enganos lhes causam morte intelectual. Estão, por sua carência de sanidade, sempre em desequilíbrio: uns morrem por ter demasiada consciência de suas torpezas e outros por não tê-la. Uns morrem porque sabem que são néscios e outros porque não sabem que o eram. Tolo é aquele que morre por estar cheio de conselhos daqueles a quem não fez caso. Alguns destes morrem por haver adquirido conhecimento e outros por ignorá-los. Mas são tantos os tolos que, por mais que morram, sempre será pouco (208).

37.

Aprenda quando e como dizer a verdade. Na dúvida, sempre diga a verdade. Ela é sempre perigosa, mas o homem ético não deve deixar de dizê-la, ainda que seja necessário saber como. Os sábios no ofício de curar a alma inventaram o modo de induzi-la, para não haver o terrível sofrimento do desengano. Se você empregar as palavras apropriadas com a mesma verdade, pode elogiar a um e repreender a outro. Uma das formas de manejar a verdade é falar de um problema pelo qual está passando como se fosse algo que já passou. O bom entendedor saberá do que se trata. Meia palavra lhe basta. E quando não existir maneira de evitar dizer uma verdade, pois os problemas por certo virão, o melhor é calar-se. Não lhe será bom informar aos seus superiores as verdades amargas. Mas se tiver que dizê-las, busque as palavras mais suaves que lhe ocorram, para que seja menos doloroso o desengano (210).

38.

Para curar uma enfermidade, não procure um remédio amargo. Não tente corrigir um erro produzindo outro. É muito comum que alguém, querendo desculpar-se por um erro, faça outro quatro vezes pior que o inicial. Se tentar corrigir uma impertinência com outra será pior: logo se darão conta de que uma das duas é falsa ou mesmo ambas. Uma mentira, para justificar-se, necessita criar todo um mundo falso e precisa de outro embuste. A pior das disputas é aquela na qual contra si suas próprias armas se voltam. Se o mal de que sofre é cruel, pior é não saber remediá-lo. A pior das debilidades é aquela que abre a porta e deixa que entrem. Num erro pode cair até o mais sábio e esperto dos homens, mas cair em dois, isto não! Errar é humano, repetir é tolice; já uma terceira vez é estupidez. É melhor ficar com a enfermidade se o remédio que pode curá-la oferecer risco de piorar a crise (214).

39.

Divida a sua vida em três: livros, pessoas e pensamentos. Não deixe que sua vida seja guiada por ocasiões e circunstâncias, senão pelo trabalho e pela leitura. Um homem é o que lê. Penosa é a vida se vivida como uma larga jornada, sem descanso e sem medidas. Faça sua vida preciosa, variada com o prazer de uma fina erudição. A juventude é a sua primeira instância. Dedique-se a aprender a beleza da vida, conversando com os grandes mortos que vivem nos livros e, assim, enriquecerá a sua viva alma. Um homem sem leitura é apenas sombra. A segunda idade deve ser dedicada aos vivos: ver e aprender todo o bem do mundo. E recorde que nem tudo está em um só lugar ou em uma mesma pessoa, pois Deus repartiu os dons de modo tão variado que, às vezes, fez ricas as feias e pobres as belas. A terceira etapa há de ser aproveitada plenamente. Sua última felicidade é filosofar: o gozo de buscar e conhecer a razão de cada uma das coisas (229).

40.

Apresse-se para ver e ver a tempo. Muitos dos que veem não estão com os olhos abertos, porque não sabem o que olham, nem como aquilo os afeta. Alguns olham e não veem e são cegos na alma, porque não querem que seja certo aquilo que enxergam. Outros se dão conta muito tarde e reagem contra o mal que viram quando já não há mais remédio e, assim, sofrem o pesar. Existem homens que começam a observar quando já perderam a oportunidade de ganhar com a observação. Para quem não tem consciência do que está acontecendo, é muito difícil ter vontade de fazer alguma coisa e vice-versa: não fará nada com a vontade de atuar, pois não sabe o que fazer. Disto se aproveitam os maliciosos que nos rodeiam e se burlam com risadas do nosso tolo modo de proceder. São surdos para ouvir e não abrem os olhos para ver. Se não faz um esforço e cultiva a vontade de agir, não faltará quem lhe impeça de ver e dificulte que o vejam, porque seus negócios e suas vidas se alimentam da sua cegueira. E assim irá perdendo tudo e todos. Será como o infeliz cavalo cujo amo não vê e o pobre animal não engordará jamais (230).

41.

Saiba como pedir. Não existe maior dificuldade para alguns do que pedir. E existem piores: aqueles que não sabem dizer "não". Também há outros que, em troca, estão sempre prontos para dizer "não" e, para conseguir um "sim" desses, há que se colocar muito esforço, tempo e sabedoria. Mas o correto, que devemos fazer sempre, é falar-lhes ao que compraz seus sentidos ou agrada suas almas. Se conseguir criar um ambiente de tal confiança que o outro não sinta necessidade de refletir antes de decidir, é muito provável que lhe conceda o que pediu. Desfrute deste triunfo plenamente em corpo e alma. Não peça nada a alguém no momento em que acaba de dizer "não" a outro, pois terá de igualá-lo ao anterior e também dizer "não". Tampouco faça seu pedido no instante em que haja tristeza. Além disso, jamais obrigue que alguém dê o que não quer ceder, simplesmente porque isso é imoral (235).

42.

Às vezes, com moderação e sem arrogância, expresse opinião diferente do modo de pensar da maioria. Com isso, indica que tem mais cultura e virtudes. Cuide sempre daquele que nunca se opõe às suas opiniões, pois é sinal de que não o respeita, tampouco o ama, senão que adora apenas a si mesmo e quer somente agradá-lo com algum fim. Não se deixe enganar pelos lisonjeiros: é melhor apartar-se do que lhes dar atenção. Uma amostra de prestígio é ser objeto de intrigas; se assim for, mais cuidado ainda. Livre-se de agradar a todos, pois isso indica que não são realmente bons, pois alguns lhe mentem, são poucos aqueles chamados de perfeitos (245).

43.

Quem sabe muito vive muito; quem conhece pouco morre cedo: assim é a vida empresarial. Alguns opinam ao contrário, mas como diz o dito popular: "mais vale o ócio do que o negócio". O nosso bem maior é o tempo. Onde vive aquele que não tem lugar no tempo? Igual infelicidade sofrerá se gastar a sua vida em tarefas rotineiras em vez de se dedicar àquelas coisas que elevam o seu espírito. Não deve se assoberbar de ocupações e nem de problemas, pois isso atropela o viver e sufoca o ânimo. Alguns incluem o saber entre as cargas de ocupações que se deve abandonar para o bem viver. Estão errados. Se não se sabe, não se vive. Se não se sabe, não se trabalha (247).

44.

Deve se prover dos bens humanos como se os divinos não existissem, e dos divinos como se não houvesse os humanos. É uma regra de um grande mestre. Dispensa comentários, reflita sobre o assunto (251).

45.

Embora não tenha tudo ou ainda que não tenha nada, o importante mesmo é que esteja em equilíbrio entre ambas as condições. É considerado um tirano vulgar aquele que ama apenas a si mesmo. Logo, ele quer também que todas as coisas lhe pertençam. Não sabe ceder no mínimo, naquilo que afete sua egoísta comodidade. Compromete-se pouco, confia apenas na sua sorte e sempre mente sobre a quantidade que possui. Convém que se comprometa com quem negociar, que lhe dê algo e que ele lhe deva algo também. Aja em combinação com os demais e será amo e escravo destes. Como uma vez disseram ao imperador Adriano,[59] se alguém renunciar ao cargo, renuncia à carga. Se renunciar a que lhe devam, renuncie a dever aos outros. Mas se cair no vício de estar demasiadamente comprometido com os outros, será infeliz. Não terá dias, muito menos horas que sejam suas, senão que apenas trabalhará para os outros; por isso, burlescamente alguém foi chamado de "o de todos". Este erro comete-se também no campo do conhecimento, pois existem alguns que sabem de tudo, menos de si mesmos. Só entenderá isto se for sagaz: saiba que muitos não buscam senão aquilo que lhes interessa. Tais indivíduos nunca vêm, senão pelo que tem. Não vêm pela ovelha, mas em busca da lã (252).

---

59 Públio Élio Trajano Adriano (76–138), mais conhecido apenas como Adriano, foi imperador romano de 117 d.C. a 138 d.C. Pertence à dinastia dos Antoninos, tendo sido considerado um dos chamados "cinco bons imperadores". Gracián o cita para reforçar a ideia de que qualquer assunção na vida implica em responsabilidade.

46.

Aprenda a fazer o bem em pequenas quantidades, mas repetidas vezes.[60] Nunca diminua suas possibilidades. Se dá muito, não irão interpretar como algo dado, mas como vendido e pelo que se espera algo em troca. Ademais, dar muito faz grande o agradecimento que lhe devem, e isso dificultará e quebrará o equilíbrio entre quem dá e quem agradece. Assim visto, aquele que recebe o favor pode inclusive chegar a interpretar seu gesto como uma humilhação, pois sabe que, compensando-o, estará muito longe de suas poucas possibilidades. É regra: se quer perder muitos amigos, faz que lhe devam muito. Por não pagarem, retiram-se e se transformam em inimigos. A escultura nunca quer ficar em frente ao escultor, pois lhe deve tudo; aquele que foi salvo se envergonha de ver seu herói. Seu grande segredo, ao dar, deve ser que o esforço lhe custe pouco e seja muito desejado, para ser mais estimado (255).

47.

De tudo que aprecia, o que têm mais sabor (e, assim, consequentemente, é mais desfrutado) não é seu. Mais se goza das coisas dos outros do que das próprias. Quando adquirimos algo, o primeiro dia é muito bom, pois somos donos, mas nos demais, os estranhos desfrutam do objeto mais do que nós. Deleitamos das posses dos outros com prazer redobrado, pois não temos que reparar qualquer dano que sofra, além de trazer o gosto sedutor da novidade. Todo bom é ainda melhor quando lhe privam de alcançá-lo. Até a água alheia parece um néctar. Possuir e desfrutar também diminui o interesse, ao final, só servem para que as mantenha e use as dos outros (263).

---

60 Neste ponto, percebe-se a influência direta do pensamento do florentino Nicolau Maquiavel (1469–1527) sobre Gracián, principalmente da obra *O príncipe*, provavelmente o livro mais conhecido de Maquiavel e foi completamente escrito em 1513, apesar de ter sido publicado postumamente, em 1532.

48.

Não seja tão bom que isso acabe lhe resultando um mal. É o que ocorre com aqueles que se entregam excessivamente aos favores e às preocupações dos outros. É um tipo denominado de "eu sou legal". Tem pouca personalidade o insensível. Quase sempre sua indolência é mostra de incapacidade. Está sempre fazendo favores e oferecendo a sua vez. Na realidade, manifestar seu sentimento em ocasiões especiais é um importante ato. Se não faz isso, logo o tratarão como um ser humano que não deve ser levado em conta, senão como alguém frio, sem reações frente a qualquer fato, como um espantalho enganado pelas aves. Mas, às vezes, ser doce e também ocasionalmente ser duro é prova de bom gosto. Ser apenas doce é para meninos e tolos. Seria muito maléfico para a sua vida pessoal e profissional ir perdendo a sensibilidade, passando-se por tolo e bom; isso é uma oceânica falta de *prudência* (266).

49.

Aprenda a valer-se das novidades, no momento em que ainda são novidades, são muito estimadas nessa hora. Mas a variedade é melhor do que a novidade em todas as partes. O gosto, geralmente, mais aprazível, fresco e estima-se melhor uma ligeira mudança que impressione, em vez de um extremo que rompa um costume. As grandes eminências resultam chocantes, e o ouvido as faz defasar-se. Fixe-se que a glória é curta, especialmente para as grandes novidades, pois num par de dias perdem a excitação e caem no esquecimento. Aprenda a valer-se das novidades leves, pois estas lhe farão ser estimado. O agradável é fugaz, pueril, mas se pode aproveitá-lo para tirar tudo o que se quer e desejar. Faça isso antes que passe o calor do recente e a paixão se esfrie. Então, o agradável se transformará de novo em banal. Tenha em mente que tudo uma vez foi novo, mas passou (269).

50.

Renove-se esporadicamente. Diz o velho sábio que a cada sete anos se renovam as etapas nas quais a natureza muda o ser humano. Umas vezes para melhorá-lo, e outras para reafirmar-lhe o caráter e os gostos. Ao se cumprir os primeiros sete, adquire-se razão e consciência e, logo, a cada ciclo consegue-se uma nova virtude. Quem conhece bem este processo natural pode impulsioná-lo ainda mais e ser cada vez melhor. Por ele, muita gente mudou sua atitude perante a sociedade, ao casar-se, ao deixar a casa dos pais ou mesmo ao começar a trabalhar. Às vezes, não se observa grande mudança em nossas vidas até que chamem a atenção dos demais. Aos vinte anos, o indivíduo seria precipitado e inseguro como um pavão. Aos trinta, venturoso aventureiro como um leão. Aos quarenta, mais lento e cheio de problemas como um camelo. Aos cinquenta, desprende-se dos detalhes e se torna hábil como uma serpente. Aos sessenta, seguirá os filhos e ajudará o próximo, assim como um cão. Aos setenta, não fará nada mais do que imitar aquilo que viu no passado, como um macaco. Aos oitenta, nada: não existe comparação, pois é o auge da vida (276).

51.

Seja sempre um homem que respeita a lei. O bem proceder está em decadência, pois muitos desrespeitam o sentido da palavra "dever". Existem poucos cuja conduta corresponde àquilo que chamamos de "seriedade". O melhor trabalho que executar será pago com a pior burla: esta é hoje a realidade no mundo. Existem nações inteiras dedicadas aos maus-tratos dos demais países. Dos indivíduos sempre se espera a traição, a inconstância no trato, a burla e o engano. Não imite jamais estes maus costumes e exemplos. Conhecê-los deve lhe servir apenas para ser mais cauteloso e livrar-se de ataques (280).

52.

Nunca morra de sofrimento pela miséria alheia, porque aquele que está na lama, para consolar-se, poderá lhe atribuir a sua pouca sorte, pois busca alguém que lhe ajude a carregar sua miséria. Agora lhe estendem a mão aqueles que não o procuraram e nem ele procurou em tempos de prosperidade. Ajudar é um ato generoso, mas há que se ter cuidado ao acudir e alimentar o enfermo de miséria, pois ele pode arrastá-lo para à sua enfermidade, tal como quem tenta salvar quem se afoga e acaba perecendo também (285).

53.

O seu maior descuido como homem é mostrar as suas fraquezas de homem. Deixarão de admirá-lo quando lhe perceberem muito humano. Se é muito fácil e simpático, além de leviano de caráter, vai perder sua reputação. Já o homem recatado e discreto é mais reconhecido pelos seus pares do que o leviano e falador. Não existe nenhum vício que lhe retire mais a autoridade e o respeito do que a leviandade, porque ela se opõe à gravidade, à seriedade e à responsabilidade. Um homem sem sobriedade não pode ser substancioso, nem suas decisões estarão bem fundamentadas, e isso será pior ainda se já tem alguma idade, pois todos esperam que seja sensato e que esteja em seu melhor juízo. E ainda que muita gente tenha este tipo de descuido, isso não deixa de ser incorreto (289).

54.

Será muito bem-sucedido se o respeitarem e amarem pelos seus valores. Quem o ama é quem mais pode lhe faltar com o respeito. Quem o ama se atreve a dizer-lhe e fazer-lhe mais coisas do quem o odeia. Não é muito bom que o amem em demasia, pois afeição e veneração, juntas, nunca têm sido boas. Não é vantagem que seja muito querido e, tampouco, muito temido. O amor traz fraqueza e, ao mesmo tempo em que entra no coração, começa a perder a estima e o respeito. Seja amado porque respeitam os seus valores e não porque lhe dedicam afeto (290).

55.

Se os seus triunfos são grandes, maiores ainda hão de ser as suas virtudes. Valores elevados fazem grandes os homens. Apenas uma virtude equivale a toda a colheita de um ano. Em geral, o homem aprecia que tudo que é seu seja grande e, por isso, ostenta joias e adereços. Mas é melhor que se aspire a ter grandes prendas, não no corpo ou na aparência, mas na alma. Assim como em Deus tudo é grandioso e infinito, num herói tudo há de ser enorme e majestoso, de forma que suas ações e razões levem o selo da transcendente majestade (296).

Parte 6
Maximizando relacionamentos sociais

"Saiba abster-se. É uma grande virtude da vida saber negar-se aos demais"

Aprenda a dar-se muito bem com todos, quer na vida profissional ou social. Seja douto com o douto e santo com o santo, pois este é o segredo para conquistar a todos, porque a identificação com o outro concita a benevolência. Tenha "por fortuna o não esperar a fortuna, contente-se com a privação da desgraça sem aspirar a presença da ventura" (AIRES, 2008). Observe as características e as peculiaridades dos outros e acomode-se a cada uma delas.

O mestre já disse: as pessoas são peculiares. Trate João como João e Pedro como Pedro. Trate cada um como se único fosse. "Fale a língua do homem e ele o amará" (GRACIÁN, 1934). Ao sério e ao jovial, siga-os na corrente, empregando a política de transformar-se para agradá-los.

Mas nos relacionamentos existem pequenos males que repulsam a todos. São mínimas coisas facilmente evitáveis: falar em demasia, interromper os outros, saber tudo e filosofar em público. Tome muito cuidado para não ser visto como informal, mas lembre de que ser visto como cerimonioso também é pernicioso. E nunca se esqueça do maior dos defeitos mostrado nos relacionamentos sociais: a vulgaridade.

Informal, cerimonioso e vulgar: para superar esses defeitos, é necessário ter grande "jogo de cintura" e muita habilidade. Entretanto, mais do que tudo é preciso ter a capacidade de se ver, de se "enxergar", pois você só saberá corrigir algo quando souber que está agindo errado.

E essa é uma fórmula que precisa ser aplicada com urgência por aquele que circula nos meios sociais.

1.

Aprenda e cultive a arte de conversar. É muito bom que sua conversa lhe apresente como alguém atualizado, que conhece o mais afeito ao importante e menos ao supérfluo. É bom ter frases graciosas prontas e em quantidade suficiente, ser galante no comportamento e saber empregá-las quando o momento pedir. Às vezes, é mais eficiente uma pequena frase de elegante humor do que a mais grave e profunda cátedra. A inteligência verbal valeu mais a muitos do que as sete artes liberais.[61] De que vale seu saber se não souber apregoá-lo? (22)

2.

Com bondade e sabedoria se ganha amor e respeito. Conseguir admiração é conseguir muito na vida. Mas, para conseguir que o respeitem, precisa de um pendão especial para o bem e mais: a sabedoria necessária para cultivá-lo. Começa-se com um e se cresce com a outra. Não basta falar e pensar inteligentemente, ainda que suponha que quem domina o conceito ganha o afeto dos outros. É requerido muito mais. É preciso mostrar benevolência: fazer o bem a todos, combinar boas palavras com melhores obras, amar para ser amado. A simpática cortesia é o êxito dos grandes políticos. Há de dedicar suas mãos, primeiro, para as obras em favor dos demais e, logo, a caneta em favor de todos (40).

3.

Dê bom trato em abundância. Procure fazê-lo em alto espírito. Um grande homem não pode ser pequeno em suas ações.

61 A expressão artes liberais aqui citada por Gracián designa um conjunto de estudos e disciplinas por intermédio do qual se intenciona prover conhecimentos, métodos e habilidades intelectuais *gerais* para seus estudantes, em vez de habilidades ocupacionais, científicas ou artísticas mais *especializadas*.

Nunca faça inquirições em demasia e menos ainda com o que for de pouca importância. É melhor observar e notar como ao descuido, em vez de mostrar interesse em saber tudo. Deve-se proceder com nobre generosidade, que é parte da educação. Em grande medida, a arte de gerenciar consiste em dissimular. Há que deixar passar a maioria dos deslizes, sem jamais perder o controle, dos subordinados e clientes, muito mais, dos concorrentes e, jamais, dos chefes. Qualquer pequenez pode fazer-se enfadonha e pesada. Devemos entender que o ir e vir de um desgosto a outro é um costume comum e cada um se comporta segundo a capacidade de dar que leva no coração (88).

4.

Que a sua verdade diga aos menos e aos mais; que diga aos que desejam ouvir. Querer ir contra a corrente é um erro que leva tanto ao desengano quanto ao perigo. Apenas um gigante como Sócrates[62] se atreveu a fazê-lo. Quando expressar suas discordâncias, o outro sempre interpretará seu gesto como ofensa, porque estará condenando ao juízo aquilo que outro havia expressado. Faça que se multipliquem aqueles que lhe estão desgostosos, pois ao molestar alguém que contrariou em ideia, também o fará com aqueles que a ouviram. A verdade pertence a poucos; o engano é de muitos e vulgar. Nunca se conhecerá o sábio por aquilo que ele diz na praça, pois ali não fala o que sente, mas o que deseja ouvir a necessidade comum, ainda que, em seu interior, ele saiba que mente. O homem prudente foge de ser contradito

62 Sócrates (469–399 a.C.) foi um filósofo ateniense, um dos mais importantes ícones da tradição filosófica ocidental e um dos fundadores da atual Filosofia Ocidental. As fontes mais importantes de informações sobre Sócrates são Platão, Xenofonte e Aristóteles. Alguns historiadores afirmam só se poder falar de Sócrates como um personagem de Platão, por ele nunca ter deixado nada escrito de sua própria autoria. Gracián o menciona, pois apenas um homem com a sua grandeza poderia ir contra conceitos e ideias definidas, os demais, devem colocar tais pensamentos inovadores, com cautela.

tanto quanto de contradizer. Tão pronto quanto contradiz uma ideia, sua atitude se interpreta como se desejasse possuí-la, anulá-la, para que não se difunda mais, rotulá-la de equivocada. Como todos sentem amor pela liberdade, não se deve ferir esse sentimento ao contradizer aquele que opina. Assim também, diga o que querem ouvir. Logo se retire ao silêncio sagrado dos sábios e, talvez, permita-se dizer ou contradizer o que sente à sombra de poucos lúcidos e sensatos (43).

5.

Rodeie-se dos inteligentes e competentes. A felicidade dos poderosos está em fazer-se acompanhar dos eficientes que conseguem retirá-los de toda a sorte de problemas causados pela ignorância e que, ainda, os ajudem a lutar contra os complexos problemas do mundo empresarial. Singular grandeza é servir-se de sábios, virtude que supera o bárbaro gosto de Tigranes,[63] o soberano que cometia o erro de usar como criados os reis vencidos. Absurda tolice é aquela que faz de subalternos menores aqueles que a natureza dotou para a direção. No mundo, há muito para aprender, mas pouco tempo; ademais, não vive muito aquele que gerencia, mas não conhece. É, pois, uma singular destreza que alguns homens adquiram conhecimento gratuitamente, pois isso se consegue escutando muito a muitos. Os que assim fazem logo saberão mais do que todos. Diz uma sábia frase: "pela boca de muitos falam os sábios que lhes ensinaram". Deste modo, consiga crédito e fama de capacitado pelo esforço dos outros; eles estudam e aprendem para instruí-lo. Deixe que outros estudem primeiro a lição e lhe sirvam a quintessência do seu saber. Se não consegue retirar

63 Sob a soberania de Tigranes (140 a.C.), o grande rei dos armênios, o país tornou-se por curto espaço de tempo o Estado mais poderoso do Leste Romano. Gracián ao citá-lo faz uma alusão contrária aos que gostam de humilhar o próximo, devemos ouvi-los.

a experiência e a sabedoria da sua própria vida, busque-as nas vidas dos seus relacionados e subordinados (15).

6.

Não se trata de arrogância, mas prefira o relacionamento com quem possa aprender. Tenha sempre trato amigável com quem seja uma escola de erudição e cuja conversa, de alguma forma, consista de ensino e cultura. Não se aprende a jogar cartas com iniciantes. Faça seus amigos entre aqueles que sabem muito e são mestres na profissão. Gaste o tempo de conversa para algo útil ao seu aprendizado. Todos, independentemente da posição que ocupem, têm algo para aprender. Tenha boas relações com os entendidos, pois eles são muitos e estão em diferentes áreas da empresa. Valorize o que dizem, recebendo com aplauso aquilo que lhe ensinam. É fácil conquistar o outro quando reforçamos seus pontos fortes. Frequente lugares onde possa encontrar os que amam mais o heroísmo do que a vaidade. Existem homens com fama de ponderados e, embora já sejam exemplos concretos de grandeza e bom trato, também são rodeados pelos sensatos (11).

7.

Cultive a amizade com as personalidades. Maravilhoso é que o herói combine com os heróis, o notável com os notáveis. Não me interprete mal, mas evite promiscuidade com os menores. Existem aqueles parecidos de coração e caráter; há entre eles um encanto, um grande afeto que os ignorantes atribuem ao mágico e à sorte. Em realidade, o acercamento entre os notáveis é uma propensão natural, baseada na estimação mútua, tão forte que um persuade ao outro sem palavras e consegue o que deseja sem argumentar os próprios méritos. Há uma atração ativa, que lhe é conseguida quando, também notável, se acerca de um igual. Existe outro passivo, que é quando sem ser notável, ou sendo-o, cria o ambiente para que se acerquem e lhe ofereçam sua amizade. Quanto mais espiritual seja a causa de um, melhores são os resultados. Grande destreza é conhecer a habilidade para conseguir a simpatia dos notáveis. Saber consegui-la é importante, porque não existe nada que supere este grande segredo (44).

8.

Tenha relacionamentos importantes. Não são muitos que o são. Observe que existe apenas uma Fênix no mundo, o exército também tem apenas um comandante e toda grande organização tem apenas um presidente, não dois. Um sábio surge a cada cem anos, diz o dito popular. As monarquias têm apenas um rei. Os medíocres são comuns, são muitos e em quantidade, mas com pouca qualidade. As eminências e as mentes preclaras abundam pouco. Além de se ter inteligência, deve-se cultivá-la para poder ser notável. E quanto mais reconhecidos são os notáveis, mais difícil de alcançá-los. Muitos reis antigos trataram de alcançar a fama de César e de Alexandre, mas foi um objetivo vão, pois é impossível fazer-se reconhecer apenas com simples palavras, que não são mais do que ar sem os feitos que as avalizem. Por isso, são poucos os Sênecas[64] e apenas Apolo[65] conseguiu alcançar a fama.[66] (203)

64 Lucius Annaeus Sêneca, mais conhecido como Sêneca, era filósofo. Nasceu no ano 4 a.C. (em Córdoba) e morreu no ano 65 d.C. (em Roma). Segundo Sêneca, "é parte da cura o desejo de ser curado". Gracián cita-o para ilustrar a ideia de que gênios são escassos.

65 Apolo é uma das divindades principais da mitologia greco-romana, um dos deuses olímpicos.

66 Neste ponto, Gracián cita alguns exemplos de sucesso e grandeza, por meio de personagens históricos: Caio Júlio César, Alexandre, Apolo e Sêneca.

9.

Procure ganhar o aplauso daqueles tidos como sábios. É mais valoroso um tímido "sim" de um homem notável do que todos os aplausos de pessoas comuns. A brisa fraca do mar não move as velas do barco. Pela voz dos sábios fala a inteligência, e a citação deles eleva a sua própria honra imortal. Para Antígono,[67] toda a fama veio de um simples elogio de Zeno,[68] assim como para Platão[69] o maior triunfo de sua escola foi a admiração que Aristóteles[70] tinha por ela. Não encha o estômago de guloseimas; prefira, mesmo que pouca, a comida saudável. Aprenda com governantes e gerentes que, mesmo gozando da aceitação dos mestres e notáveis, temem mais a caneta de um entendido do que mil homens comuns (281).

10.

Ajude compartilhando seus conhecimentos. É mais importante ensinar ao outro aquilo que ele não sabe do que recordar a alguém o que sabe. Uma vez terá de recordar e em outras ensinar. Muitos não fazem obras excelentes porque não sabem como, mas com sua ajuda e cuidado amistoso pode ajudá-los a alcançar seus objetivos. Uma das maiores vantagens de uma mente com sabedoria é conceber uma solução oportuna. A falta disso impede que muitas vezes consigamos alcançar as nossas metas. Dê luz para aquele que

---

67 Antígono, personagem da história grega. Gracián cita-o para firmar a ideia de que uma simples citação de Zeno o elevou à grandeza.

68 Zeno, filósofo pré-socrático, tido como sábio e erudito. Gracián usa-o como exemplo de genialidade.

69 Platão (428 a.C.–347 a.C.) foi um filósofo e matemático do período clássico da Grécia Antiga, autor de diversos diálogos filosóficos e fundador da Academia em Atenas, a primeira instituição de educação superior do mundo ocidental. Juntamente com seu mentor, Sócrates, e seu pupilo, Aristóteles, Platão ajudou a construir os alicerces da Filosofia Natural, da Ciência e da Filosofia Ocidental. Gracián cita-o pela relação com o sábio Aristóteles.

70 Aristóteles (384 a.C.–322 a.C.) foi um filósofo grego, aluno de Platão e professor de Alexandre, o Grande. Seus escritos abrangem diversos assuntos, como a Física, a Metafísica, a Poesia, o Teatro, a Música, a Lógica, a Retórica, o Governo, a Ética, a Biologia e a Zoologia. Gracián cita-o como exemplo de genialidade de grandeza.

a possui e ilumine outro que dela necessita. Quem busca solução que preste atenção. É importante que tenham esta habilidade os que querem ser ajudados. Convém a quem necessita de conhecimento mostrar disposição e humildade de pedir ajuda e, se necessita de mais, que peça mais ainda; se lhe disserem que não, empregue sua destreza para que lhe digam "sim". Na maioria das vezes, aquilo que não se conseguiu é porque sequer foi tentado (68).

11.

Saiba abster-se. É uma grande virtude da vida saber negar-se aos demais. Maior tesouro ainda é saber negar-se a si mesmo, tanto em assuntos pessoais como nos negócios. Existem aflições viciosas que, como as traças, corroem o seu precioso tempo. Ocupar-se do pernicioso é pior do que não fazer nada. Para ser correto, ademais de não ser intrometido, é preciso não deixar que o coloquem em alguma coisa incorreta. Não pode manejar bem com os demais quem não consegue manejar sua própria vontade. Nunca abuse dos amigos, nem os procure apenas porque eles lhe concederam algo. Tudo em excesso produz dano e muito mais no trato com o outro. Com esta ponderada *prudência*, é possível ter o agrado e a estima de todos. Perceberão que é uma pessoa sincera, pois é impossível aparentar por muito tempo a preciosa conduta decente. Livre-se dos caprichos do seu caráter, seja apaixonado pelo seleto e nunca peque por distanciar-se do comedido bom gosto (33).

12.

Compre uma briga, se necessário, mas em boa lide e com ética. Podemos obrigar o homem sensato a ir para a guerra, mas deve-se fazê-lo sem malícia. Deve-se agir como é ou como queira e não como lhe obrigue o outro. É possível enfrentar o outro com polimento. Lute não apenas para alcançar o poder, mas para impor um modo decente de competir. Vencer com ruindades é não vencer. A generosidade sempre há sido mostra de superioridade. Como homem de bem, não se deve usar de armas ou artifícios imorais. A amizade não deve ser ofendida pelo ódio, nem se deve empregar a confiança pensando em vingança. Tudo o que resulte em traição apenas manchará o seu nome. É muito estranho que um homem sério use minimamente que seja a imoralidade. Estabeleça distância entre a nobreza e a vileza. Perceba que, se perdessem a ética e a moral, a generosidade e a fidelidade, não mais permaneceriam no seu coração (165).

13.

Aprenda a dar-se muito bem com todos. Seja douto com o douto e santo com o santo. Este é o segredo para ganhar a todos, porque a identificação com o outro concita a benevolência. Observe as características e peculiaridades dos outros e acomode-se a cada uma delas. Trate cada um como se único fosse; com os pouco estudados, não fale difícil. Ao sério e ao jovial, siga-os na corrente, empregando a política de transformar-se para agradá-los. E esta é uma fórmula que precisa ser aplicada com urgência por aquele que está subordinado a alguém. Para fazer isso, é necessário ter grande "jogo de cintura" e muita habilidade. Isso tudo é menos difícil de aplicar para aqueles que têm conhecimento universal do trabalho, a genialidade e o bom gosto (77).

14.

Nos relacionamentos, nunca chegue ao rompimento total. Não o faça, pois sempre irá sair com o prestígio arranhado. Qualquer um serve para ser inimigo, mas muito poucos se qualificam como amigos. Poucos são capazes de fazer o bem, mas quase todos podem fazer o mal. Apesar de forte, ágil e valente, a águia não está segura nem mesmo na montanha mais alta no dia em que se avista com o pequeno escaravelho.[71] Como a água é oponente declarada do fogo, os inimigos dissimulados deste aproveitam que ambos estão perto e deixam que ela caia sobre ele até apagá-lo. Os amigos maleáveis, débeis de caráter, convertem-se em seus piores inimigos. Sua maleabilidade os deixa aficionados e os faz carregar os defeitos alheios e, principalmente, lançar-lhes contra , como a água sobre o fogo. Cuidado com todos aqueles que o rodeiam e observam, pois no falar podem esconder o que sentem, assim como os males que lhe desejam. Todos sofrem dos piores defeitos: de não ter princípios, de faltar-lhes recursos ou de não saber o que procuram e, sobretudo, sempre carecem de inteligência e *prudência* Se for inevitável brigar com alguém, deve-se fazê-lo reduzindo seus favores e não atacando com furiosa violência. E, em todo caso, o melhor é ter uma bela retirada, um distanciamento sem conflitos com quem tem diferenças (257).

15.

Sua melhor forma de agir é saber adaptar-se ao meio, ao chefe e ao trabalho. Tratar bem a todos é muito útil. Aqueles que recebem bons tratos lhe devolverão igual tratamento. A inteligência e a sabedoria se contagiam. Perceba que os tolos estão sempre juntos, assim como os sábios se fazem unir com os sábios. Procure acercar-se dos recém-conhecidos e assim conseguirá sua flexibilidade sem forçá-la. É grande destreza saber adaptar-se às situações. Evitar disputas embeleza o

71 Escaravelho, espécie de besouro, um inseto de corpo ovalado e patas curtas, com diversas cores e tamanhos, segundo a espécie. Aqui, Gracián se refere à antiga fábula: a águia desdenhou do pequeno "rola bosta", um dos apelidos deste minúsculo inseto, e acabou seu objeto de vingança, escalava seu ninho e fazia rolar os seus ovos, espatifando-os no solo. Em sentido figurado: "ninguém é tão insignificante que não possa arrumar um modo de vingar-se de afrontas".

universo e produz harmonia natural e moral. Este conselho é válido, inclusive, para escolher com quem fazer amizades, pois ao saber reconhecer suas grandes diferenças saberá buscar cuidadosamente um ponto médio de harmonia (108).

16.

Prefira estar louco igual a todos do que sadio e solitário. Assim dizem os políticos, com toda a razão. Se todos são loucos, não perde nada por sê-lo. Mas se é o único lúcido, logo o acusarão de insano. Por isso, é prudente seguir a corrente. Muitas vezes, a maior sabedoria consiste em não saber ou aparentar não saber. Temos que conviver com o outro e, desafortunadamente, a maioria é ignorante, pelo menos pensamos assim. Uma máxima diz: "para viver sozinho como um eremita teria de ter muito de Deus e nada de besta", mas eu moderaria este aforismo dizendo: "melhor alfabetizado com a maioria do que doutorado e só. Alguns preferem ser diferentes, mas é um disparate (133).

17.

Que ninguém lhe conheça na plenitude. Se quiser ser adotado por todos, o executivo sensato se cerca de cuidados em todas as suas ações, seja em revelar seus conhecimentos ou em valentia. Uma alma imperscrutável apenas permite que tenham dela uma vaga ideia, mas nunca a possibilidade de conhecê-la em profundidade. Nunca comente com ninguém até onde chega a sua capacidade máxima, em qualquer área, pois isso incorre no risco de lhe usarem contra. Ou o tomarão por presunçoso. Nunca dê lugar para que alguém tenha o seu total conhecimento ao alcance dele, pois irão venerá-lo mais os que não conhecem até onde vão o seu poder e os seus recursos, por maiores, ou menores, que sejam (94).

18.

Não deixe de conhecer suas debilidades, pois muitos com elas o golpearão. Não mostre para ninguém seus defeitos, pois lhe usarão contra. Ao manifestar publicamente seus problemas e defeitos, nada de bom receberá em troca, a não ser converter-se em objeto de burla dos demais. Os de má-fé estão sempre buscando suas falhas para fazê-lo cair: tratam de ofender seus sentimentos, colocam-no à prova de mil formas, até descobrir tudo o que possa lhe ser usado contra. Nunca se dê por iludido, nem comente os próprios problemas, seja da sua pessoa ou da sua família, pois quando pensar muito neles, até o destino se deleitará em lastimar onde mais dói. Sempre o atacarão no ponto onde é mais fraco. Por isso, nunca dê a conhecer nem o que o mortifica, nem o que o alegra, para que a dor dure pouco e a sorte muito (145).

19.

Nunca dê aos outros a oportunidade de que vejam o quanto é hábil nos estratagemas. Ainda que entre os homens não se possa viver sem este tipo, é melhor que pensem que é prudente, e não astuto. É muito agradável que tenha soltura no trato, mas não revele muito suas táticas e astúcias. Que sua sinceridade não chegue a extremos, a ponto de lhe considerarem um homem simples e superficial. Os sinceros são amados, mas também são enganados. Que a sua sagacidade não chegue até o ponto de que o vejam como astuto, pois logo desconfiariam. É melhor que o venerem por sábio e não o temam por arguto e sagaz. O maior artifício é desmentir que tem artifícios. A maior astúcia consiste em saber dissimular a sua astúcia, pois o homem a quem esta é atribuída ganha fama de enganador. No Século de Ouro[72] cresceu a

72 Por Século de Ouro se entende a época clássica de apogeu da cultura espanhola, essencialmente o Renascimento do século XVI e o Barroco do século XVII. Gracián menciona-o para ilustrar a mudança social e de paradigmas ocorrida na época.

flor da sinceridade e por trás dela se escondeu o espinho da malícia. Ganhe a fama de homem que sabe fazer, que tem ética e, assim, fará que confiem. Não se mostre artificioso, pois todos consideram falsos os argumentos deste, além de lhe terem grande receio (219).

20.

PODE APARENTAR SER TOLO, MAS USE ISSO APENAS ATÉ ONDE LHE CONVÉM. Muitas vezes, a melhor sabedoria consiste em dar a ideia de que não sabe. Não devemos nos mostrar como ignorantes, mas em certas ocasiões é conveniente mostrar que não conhecemos um assunto. Se quiser sair-se bem com os tolos e torpes, não lhes mostre que é ou se considera um sábio: com os tolos, tolice; com os loucos, loucura. Fale a cada um em sua própria língua. Não é tolo aquele que, em determinada circunstância, se faz passar por um. Se for necessário, devemos aparentar não saber, mas na medida correta da necessidade, pois se exageramos e aparecemos como duplamente tolos, logo se notará que estamos aparentando, o que não é bom. Fingir é sempre um ato perigoso. Para ser bem visto, o melhor é colocar-se aos pés dos simples, que se adaptam a quem lhes rodeia (240).

21.

FAÇA COMO O CAMALEÃO: COMPORTE-SE SEGUNDO A OCASIÃO. As decisões que tomar ao governar devem depender de cada caso em particular. Acostume-se a querer apenas o possível: os momentos de grande felicidade não são fáceis de conseguir. Não aplique demasiada teoria à sua vida, isso o conduzirá a caminhar contra a virtude, nem aplique leis muito exigentes ao amor, pois senão amanhã terá que beber a água que hoje rejeita. Existem pessoas tão contraditórias e impertinentes que pretendem ajustar as circunstâncias aos seus caprichos.

O correto é o contrário: adapte os caprichos às circunstâncias. Aja sempre como o sábio, que segue o conselho da *prudência:* comportar-se a cada caso segundo manda a ocasião (288).

22.

Tenha controle sobre a sua vontade e os seus instintos. Quem age com paixão abre aos demais as portas do seu verdadeiro sentir. A mais inteligente conversação é a que consegue dissimular suas verdadeiras intenções. Corre o risco de perder tudo quem deixa ver as cartas com que joga. A serenidade do recatado faz parceria ideal com o cuidado do homem previsor. O melhor discurso é de quem controla o seu interior. Que não saibam de seus propósitos, para que não lhes adiante respostas; uns para contradizê-lo e outros para aproveitar-se com falsas lisonjas (98).

23.

Deve ter sempre boas respostas prontas e saber usá-las repentinamente. Elas nascem de uma capacidade de prontidão e inteligência emocional. Não existem apertos para essas, por sua vivacidade e clareza. Ao contrário, alguns pensam muito e depois erram em tudo. Outros acertam respondendo rapidamente e sem pensar. Os homens, sob pressão, rendem muito e fazem o melhor. São fenômenos que repentinamente acertam em tudo e erram se os deixam pensar. Aquilo que não lhes ocorre assim jamais lhes ocorrerá. São admiráveis, porque mostram prodigiosa capacidade. O bom princípio é: seja ágil e rápido no pensar e lento e prudente quando obrar (56).

24.

Cuidado com os invejosos. Há muita gente vulgar cujos olhos, cabeças e línguas estão a serviço da malícia e do descrédito.

São vozes que mancham o prestígio e a reputação. Quando chegarem, dê-lhes um pontapé de indiferença. Ridicularizar os defeitos é um dos assuntos preferidos destes faladores. Entretanto, a inveja pode fazê-lo descobrir defeitos próprios ou fazer fracassar um inimigo seu, pois há bocas tão efetivas na sua malícia que arruínam em um instante uma grande fama com uma descarada inveja. É fácil cair na má fama, pois o mal é muito crível e difícil de ser esquecido. Por isso, é bom ter cuidado de não desvairar o invejoso, pois talvez seja melhor que o surpreenda; mas fique atento à sua burla insolente, é melhor prevenir do que remediar depois (86).

25.

Seja sempre um bom filósofo, mas trate de não filosofar em público. É muito bom ser uma pessoa de conhecimentos, grande cultura e, sobretudo, de pensamento profundo. Mas não deixe que notem muito esta sua qualidade e mais que presumam ser assim. Ainda que seja o mais alto exercício da sabedoria, filosofar é considerado uma coisa pouco confiável e aborrecida. É comum que depreciem quem mostra muita teoria, pois os dias de hoje pedem sabedoria, mas principalmente prática e resultados. Sêneca[73] introduziu a Filosofia na corte de Roma e durante algum tempo ela foi aceita, mas logo os romanos, enfastiados de tanto falatório e pensamento teórico, baniram-na por considerá-la impertinência. Nunca sofra este desengano; isso se for um sábio discreto e ponderado e, sobretudo, prudente (100).

---

73 Lúcio Aneu Sêneca (4 a.C.–65 d.C.) foi um dos mais célebres escritores e intelectuais do Império Romano. Sua obra literária e filosófica, tida como modelo do pensador estoico durante o Renascimento, inspirou o desenvolvimento da tragédia na dramaturgia europeia renascentista. Sêneca é citado aqui por ter sido considerado um grande teórico; contudo, não obstante a sua genialidade e grandeza, era considerado uma pessoa aborrecida.

26.

Aquilo que é aprovado por alguns pode ser repudiado por outros. Tudo é bom e tudo é mal, depende que quem olha e julga. O que alguns amam os outros atacam. Tolo será aquele que quiser julgar as coisas apenas sob um ponto de vista. As virtudes não podem ser analisadas unicamente de uma maneira, pois os pareceres são tantos quantos os rostos existentes. Não existe opinião sem oposição, nem tampouco duvide de suas convicções somente porque existem alguns que não as aprovam. Sempre haverá quem as respalde. Mas não se deixe levar pelo aplauso. Os melhores subordinados não são aqueles que estão sempre de acordo com as suas posições, mas os discordantes e contestadores. Se é chefe, desconfie da enorme aceitação de suas posições, pois pode não estar dando chance para as contestações. Este é o início do seu fim. Se não for da carreira, será da alma. Melhor é tentar saber por que os outros o enfrentam. Seu guia para saber a quem dar valor deve ser a opinião dos que lhe servem. Não se atenha a apenas uma opinião, especialmente se esta for a sua (101).

27.

Não canse pela abundância. Agrade ao ser breve. Não faça como aqueles oradores que recebem aplauso não pelo discurso, mas por terminá-lo. Soa muito desagradável um homem que insiste na mesmice e fala e fala, repete e repete. A brevidade agrada e consegue facilmente o que busca. Ganhe com a sua cortesia o que perde por ser breve. Alguém já disse: o bom, se breve, é duas vezes bom. E o mal, se pouco, nem é tanto mal. Mais trabalha o substancioso do que o breve. É verdade reconhecida que o homem de grande verborragia raras vezes é sábio. Evite importunar com o seu excesso de conversa e, mais ainda, aos destacados e muito ocupados. Seria um grande erro por esses ser depreciado. O bem dito se diz rápido (105).

28.

É BOM SABER FAZER AMIGOS E CONQUISTAR AS PESSOAS. Um amigo é um segundo *eu*. Todo amigo, para ser seu amigo, deve ser bom e sábio. Deus junta, o diabo separa e o amigo concilia. Tudo sai bem entre eles. Cada um vale mais para aqueles que o querem bem. Deve-se ganhar a boca com o coração; é o mesmo que dizer que o elogiarão aqueles a quem tenha mostrado bom coração. Não com favores, mas com bons serviços e, para ganhar a amizade, o melhor é oferecer amizade. O principal valor de nossas virtudes está no seu reconhecimento. É melhor fazer amigos que inimigos. Deve-se conseguir um novo amigo a cada dia, ainda que não seja um grande amigo. Muitos, inicialmente, são amigos distantes, logo em seguida são de confiança e, depois, chegam a ser diletos e estimados (111).

29.

TOME PEQUENOS CONSELHOS PARA SELECIONAR SEUS AMIGOS. Há que ser feita a luz do seu afeto, provada na sorte e no infortúnio. Que sejam dotados não apenas de vontade, mas também de bom entendimento. A decisão de quais amigos eleger é a mais importante da vida, ainda que seja a menos cuidada. Alguns escolhem aqueles com os quais se divertem, outros os elegem ao azar. Mas é importante encontrar base sólida para elegê-los, pois a sociedade e o meio empresarial lhe definirão pelos amigos que tem. "Diga-me com quem andas". Raras vezes um sábio tem amigos ignorantes, ainda que compartilhar com uma pessoa não signifique intimidade, já que ele pode passar bom tempo dividindo a graciosidade de um ignorante, o qual o faz confiante na sua própria capacidade. Existem amizades verdadeiras e passageiras. A primeira por sua profundidade e a segunda por compartilhar acertos. Poucos são amigos da pessoa e muitos o são da fortuna. Por isso, aproveite mais um bom momento com um amigo do que os muitos desejos dos outros. Existe, pois, para resumir: sua eleição de amigos por pensar e por sorte. Um sábio saberá culpá-lo das ofensas que lhe fez, mas um amigo saberá carregar seus infortúnios como se fossem seus próprios (156).

30.

MANTENHA BOAS RELAÇÕES COM DIFERENTES TIPOS DE AMIGOS. Para isso, terá de dominar a arte da discrição, pois uns são bons para amigos à distância e outros para perto. E aquele que talvez não seja bom para a conversação o será para uma mensagem. A distância poderá reduzir alguns defeitos que seriam intoleráveis quando se está presente. Você não deve buscar nos amigos apenas a complacência, mas as três qualidades do bem: único, bom e verdadeiro. Único, porque ele deve ser seu amigo em qualquer circunstância. Bom, porque poucos são assim e, se não souber escolher, encontrará piores amigos. Verdadeiros, porque devem durar muito e, se são novos, deve ter o sentimento de que um dia eles se tornem bons amigos, para cultivar uma grande relação. Busque os melhores, os mais dedicados, ainda que tenha que gastar muito tempo e experiência. Não há pior deserto do que viver sem amigos. A amizade multiplica os bens e reparte os males, é o único remédio contra a adversidade da sorte e das penas da alma (158).

31.

TRATE SEMPRE COM QUEM TEM PALAVRA. A vantagem é que podemos nos comprometer com elas e comprometê-las conosco. A melhor razão para confiar neste tipo de pessoa é seu manifesto sentido de responsabilidade. Essas, mesmo em disputas, comportam-se com respeito aos outros. Vale mais competir com pessoas responsáveis que triunfar com tipos de má índole. As pessoas irresponsáveis nunca lhe darão um tratamento verdadeiro, porque não têm compromisso com a moral. Isso se deve ao fato de que, entre os imorais, nunca há amizade de verdade, uma vez que são desprovidos deste valor. Ainda que disfarcem, não amam a ética. Fique distante de quem que não cumpre seus compromissos, já que este carece de virtude. O grande tesouro daqueles que têm *prudência* é manter-se distante de pessoas complicadas e problemáticas (116).

32.

Ganhe fama de cortês e educado. É simples: basta fazer-se agradável. A cortesia é a maior mostra de cultura, é uma espécie de feitiço que todos recebem com alegria, ao contrário da descortesia, que produz enfado e depreciação universal. Mostrar descortesia por soberba e orgulho é ser abominável. Se for por grosseria, é depreciável. Sempre dê mais cortesia do que a receba, nunca igual. Aquele que dá menos cortesia do que recebe será injusto. Até os inimigos se devem cortesia uns aos outros, com a qual cada um mostra sua valentia. A cortesia custa pouco e vale muito, pois todo aquele que honra os demais recebe honra em troca. A cortesia no trato e o respeito prestado aos demais lhe darão sempre esta vantagem. O comportamento elegante define bem quem o usa; dar respeito faz que nos respeitem (118).

33.

Não se comporte como uma pessoa fechada: escute os demais. Não existe ninguém tão perfeito que não necessite alguma vez de um conselho. É enfermidade insuportável o tolo que não escuta a ninguém. O mais sábio é deixar-se aconselhar. Ainda que muito poderoso, tenha humildade. Existem homens tão inacessíveis que acabam caindo porque ninguém se atreve a ir ao seu auxílio. Ninguém é autossuficiente para cerrar a porta da amizade, que será a sua saída de socorro nos momentos difíceis. É bom que tenha um amigo que possua autoridade, não apenas para ajudá-lo, senão também para ganhá-lo. Deve satisfazer-se em dar-lhe esta autoridade cuja paga será a sua fidelidade e *prudência*, todos postos ao seu favor. Claro, não é possível colocar a todos, indistintamente, neste nível de respeito e confiança. Mas deixe sempre espaço em sua vida em quem possa confiar, cuja lealdade lhe permita apreciar seus conselhos e suas correções nos maus momentos (147).

34.

Convença com sensibilidade e originalidade. Não basta que suas ideias sejam profundamente corretas, pois nem todos olham o essencial. A maioria que lhe apoia da mesma forma suporta outras ideias e políticas. É importante saber convencer: umas vezes apresentando seus argumentos como os desejos das pessoas; em outras, dando-lhes um nome atrativo, que os remete aos fins mais elevados, sem cair em afetação artificiosa. Não fale apenas para os especialistas, pois isso molesta: pensarão que quer unicamente beneficiar a estes poucos e, simplesmente, por não entender, não lhe darão o seu voto. Tampouco deve expor ideias como algo demasiado fácil, nem comum. Pois aquilo que expõe deve preservar sua virtude de ser original e desejado, tanto para as pessoas comuns quanto para as cultas (150).

35.

Nunca se faça acompanhar pelos mal vistos. Quanto mais mal visto, tanto pior para aquele que é percebido em sua companhia. Tampouco se deve andar por muito tempo com quem lhe supere muito em competência, inteligência ou outras virtudes. Pois se ele tem mais virtudes, será mais admirado.

Sempre será o primeiro e lhe caberá apenas o segundo lugar. E se lhe faz alguma coisa apreciável, ele atribuirá a si próprio. A lua se destaca entre as estrelas da noite, mas ao nascer do sol, apenas a ele conseguimos ver. Nunca se acerque de quem lhe deixe opaco, apenas dos que lhe realcem. Tampouco há de correr o risco de que o desprestígio do outro lhe seja atribuído apenas porque está sempre por perto, nem se deve deixar que os outros brilhem à custa do seu prestígio. Para ser notável, veja-se com os notáveis que não lhe façam ver pouco notável. Para se ver grande, veja-se com os medianos que não se fazem ver medianos (152).

36.

Diferencie o homem de poucas palavras daqueles que falam muito. É uma precisão necessária e tão valiosa como diferenciar um amigo entre os conhecidos ou entre aqueles com quem que faz negócios eventuais. São muito diferentes. É muito ruim que um homem não saiba falar nem tenha feitos que o avalizem. Pior está aquele que sabe falar, mas não tem bons resultados para relatar. As palavras não são muito importantes, pois ao final as leva o vento e é pouco o que se consegue com discursos. Estes, em certas ocasiões, podem se tornar um antipático engano. O bom é lograr deslumbrar, como aquela luz que ofusca até os insetos. As árvores que apenas dão folhas para que sejam levadas ao ar são menos apreciadas que as que dão bons frutos. Convém conhecê-las e diferenciá-las. Umas servem para maior proveito, como os alimentos; já outras, apenas para a momentânea sombra. Uns são palavras; outros são feitos, realizações (166).

37.

Nunca se comprometa com quem não tem nada a perder. É lutar em condições desfavoráveis. O outro vai sem pressão nenhuma, porque já perdeu tudo o que tinha, até a vergonha. Como loteou o que possuía, lança-se com facilidade à impertinente imprudência. Nunca associe sua reputação a tal risco. Custa muitos anos conseguir prestígio e pode-se perdê-lo em apenas um instante. Tudo o que foi conquistado com muito suor cai de um só golpe. O homem sério fixa-se bem quando tem muito a perder. Cuidando do seu bom nome, ele também cuida do contrário e, como atua com sensatez, procede com calma, pois aconselha a *prudência* que conceda-se a oportunidade de retirar-se a tempo e ter a salvo o seu crédito. Evite ser visto na companhia de pessoas de má reputação. Perda irreparável tem aquele que se expõe associado com quem nada tem a perder (172).

38.

NUNCA SEJA SUSCETÍVEL COMO UM CRISTAL. E muito menos seja assim com as amizades. Aquilo que se quebra com grande facilidade mostra sua inconsistência. Por qualquer tolice os demais se sentem ofendidos, provocando e se aborrecendo. São mais sensíveis que a menina dos olhos, que se irrita ao mais suave toque. Os que tratam com esses precisam dedicar grande esforço e se aborrecem muito, já que ao menor sinal ficam molestados e incomodados. São geralmente muito caprichosos, escravos de seus desejos, irremediavelmente cegos. Por suas querências e más querências, atropelam a tudo e a todos, pois são idólatras da própria aura. Seja contrário a isso, pois o bom trato e as amizades são como os diamantes: a metade do seu valor está na durabilidade e na resistência (173).

39.

NÃO SEJA INFORMAL NO TRATO. A informalidade é o mesmo que superficialidade; não a use nem a permita aos que controla.

Aquele que cai no informal perde a superioridade que lhe dava a firmeza de ânimo e o respeito; perde também o reconhecimento. Os astros conservam seu esplendor porque não se roçam uns nos outros. A divindade requer decoro. Deixando-se ver como simples ser humano, vulgar e informal, aparecerão mais os seus defeitos, especialmente aqueles cobertos pelo recato. Nas empresas e no trabalho, nunca é recomendável o roçar da informalidade e, especialmente, jamais com seus chefes, pelo perigo que isso implica. Com seus subalternos tampouco, porque se acharão iguais, o que absolutamente não são, e não o respeitarão mais. Com as pessoas na rua, muito menos, isso porque existem muitos atrevidos e néscios que, não reconhecendo a cortesia que teve para com eles, igualando-os a si, presumem que está obrigado a fazer-lhes esta gentileza. A facilidade e a vulgaridade são vistas juntas com frequência (177).

40.

Nunca seja muito cerimonioso. A cerimônia e a formalidade dos reis se devem apenas à natureza do cargo. Produz moléstia aquele que exige exatidão cerimoniosa. Existem os que se deram muito mal por insistir neste comportamento. Ser cerimonioso é um dos vícios do tolo e, com esta atitude, mostra que a sua suposta nobreza tem pouco fundamento, pois teme que qualquer detalhe possa lhe causar dano. O que vale realmente é ganhar o respeito, sem a necessidade de estar pontificando sobre exigência no trato com os demais. Se é bem certo que um homem sem formalidade acaba perdendo suas virtudes, não é menos certo que não se deve depreciar a cortesia por ser cerimonioso. Uma mostra de grandeza é não reparar demasiadamente nos detalhes (184).

41.

Dê valor para tudo, não importa quem lhe ensine. Não existe quem não possa ter um mentor em alguma atividade, como não há quem não supere o seu chefe em algum aspecto. Saber aproveitar o melhor de cada um é a marca do líder vencedor. O homem sábio valoriza a todos, pois reconhece as melhores partes dos indivíduos e sabe quanto custa fazer as coisas bem. O tolo deprecia a todos, porque ignora onde está o bom e o valioso e, por isso, quase sempre erra e seleciona o pior. A arrogância cega (195).

42.

Faça que lhe vejam como sensato, em vez de intrometido. A melhor via para conseguir que lhe apreciem é ter méritos. E se preocupa-se em elevar seus valores, é certo que o conseguirá. O interesse apenas não basta: diamantes multiplicam seu valor quando lapidados. Se o seu esforço não aperfeiçoa ideias, perderá sua reputação. Mais importante do que estar numa determinada posição é saber elevar-se a ela (199).

43.

Tenha cuidado com o que por baixo da aparência traz uma segunda intenção. Saber negociar é um desafio de ardis. É uma tática que alguns usam, no mundo das empresas, para dar a impressão de não defender seus próprios interesses, senão outros. Se convencer-se disso, estará vencido. O truque consiste em colocar como se fosse de segunda importância aquilo que consideram como de primeira. Deste modo, especialmente nas negociações, buscam que deseje aquilo que colocam como principal, para logo se dedicarem a aquilo que consideram melhor ou que escondem sob a forma de segunda intenção. Fazem que erre o tiro, se não está atento e preparado. Mas não vacile. Coloque muita atenção e logo conseguirá descobrir a verdadeira intenção do outro: se, para enganá-lo, colocou a verdadeira intenção como segunda, coloque-a como primeira no seu arrazoamento. Estude com cautela os artifícios que os oponentes poderão usar-lhe contra. Dê seguimento como se nada notasse até encontrar o verdadeiro ponto das suas pretensões. Diga-lhes que quer a esquerda e, em seus pensamentos, pretenda a direita, até que consiga, com sutileza, conhecer claramente a intenção do oponente. Tenha sempre clara consciência da situação, veja se lhe convém conceder, não se deixe pressionar e cuidado com o excesso de escrúpulos. Conceda apenas aquilo que lhe convém. Pense que talvez seja necessário dar a entender que acreditou nos bons propósitos da proposta do outro (215).

44.

Quando estiver obrigado a conceder algo a outrem, como exercício usual ou excepcional de sua função, aja como se tal concessão fosse um prêmio pelo mérito, e não como um direito que lhes assiste. Além disso, mostre o que fez para que vejam e testemunhem o ato. É uma especial destreza dos grandes políticos fazer aparecer a execução de seus deveres como uma graça outorgada pela sua bondade. Dar a ideia de que está premiando os méritos – a quem tem que dar algo – é uma atitude que lhe trará muita gratidão. Além disso, as levará a pensar que é um homem muito bondoso, que toma atitudes não apenas para cumprir seus compromissos. Este "favor" outorga duas vantagens: se o der pronto, lhe agradecerão mais. E outra: com este presente, convertem o beneficiário em um seu devedor. É uma sutil maneira de transformar em presentes as responsabilidades que o cargo exige; presentes estes, aliás, todos oferecidos por sua magnanimidade. Faça ver como vantagem estas ações, em especial aos que estão abaixo do seu comando, pois eles se sentirão bem. Isso dá bom resultado quando se trata com quem sabe cumprir suas obrigações, pois se for com mal-agradecidos, melhor é ficar longe, entendendo por antecipação que não irão sentir-se obrigados a lhe retribuir. Ainda que, de todo modo, se o ingrato não lhe agradece, a pessoa a quem fez ver o fato como uma de suas bondades lhe agradecerá o gesto (236).

45.

É MAIS VANTAJOSO SOFRER AS PROVOCAÇÕES DO QUE USÁ-LAS CONTRA OUTROS. Se sofre sem responder e mostra educação e *prudência*, ótimo. Mas se responder à ofensa da qual se julga vítima, verá que o provocador conseguiu arrancá-lo da sua serenidade. Saber sofrer provocações serenamente tem uma vantagem, pois isso lhe oferece a oportunidade de mostrar sua alta capacidade. Se alguém lhe provoca é porque está incomodado, mas se prudentemente não lhe faz caso, conseguirá que sofra ainda mais a sua moléstia. O melhor é fingir que nada aconteceu, não responder, pois nas provocações podem vir à tona algumas verdades que não lhe convenham. Para manejar bem a situação frente às provocações, requer-se muito cuidado e habilidade. Desde o princípio, é bom que se avalie até onde poderá resistir ao sofrimento de ser molestado e provocado (241).

46.

EVITE QUE O SEU FAVORECIDO APARENTE SER SEU FAVORECEDOR. Existem os que invertem os papéis: fazem pensar que fizeram um favor a quem em realidade lhes fez. São tão espertos que deixam a impressão de que fazem a honra a quem pediram. De tal modo, tais indivíduos torcem os fatos que pareceriam dar quando, ao certo, receberam, invertendo papéis e a ordem do dever. Ao menos conseguem confundir e colocar em dúvida quem faz o bem a quem. Dão tantos elogios e recitam tantas lisonjas vãs para aquele que lhes fez um favor que este chega a sentir que deve agradecer ao outro por lhe haver pedido ajuda. Convertem, assim, o agradecimento em dívida. Da condição de passivos, passam a ser ativos. São tão bons com as palavras e os artifícios como os mais versados na língua e na oratória. Mostram com isso que são muito hábeis, mas será mais hábil se lhes fizer entender sua necessidade, ao mostrar a todos e a eles, com fina agudeza, que lhe devem agradecimento (244).

47.

Na vida, esteja sempre prevenido. É muito bom estar sempre muito alerta contra indivíduos rudes, debatedores, arrogantes, presunçosos e todo o gênero de tolos. Eles são muitos e o sensato é descobrir como evitá-los. Marque todos os dias, com um firme propósito, à luz da sua reflexão, o objetivo de como vencer os problemas provocados pelos tolos. Estude cada caso para não se expor a situações que possam questionar sua reputação. Um homem prevenido e de bom-senso nunca será vencido pelos impertinentes. O trato com os homens é problemático, porque está sempre cheio de enigmas e descrédito. Ao encontrar humanos no caminho, é difícil não se desviar da nossa sensatez, ainda que consultando a grande astúcia de um Ulisses,[74] o herói grego que venceu tantos obstáculos quando voltava para casa depois de conquistar Troia. Em muitos casos, é até valioso inventar deslizes para que possamos nos desculpar e, deste modo, evitar os conflitos. Todavia, deve-se empregar em qualquer

74 Neste ponto, Gracián se refere a Ulisses, personagem da mitologia greco-romana exaltado na obra *Odisseia*, poema épico atribuído a Homero. Segundo a narrativa clássica, uma vez terminada a Guerra de Troia, Ulisses emprende viagem de volta para sua casa na ilha de Ítaca. Não obstante os inúmeros percalços, tentações e desafios enfrentados pelo herói Ulisses, ele não se desviou do seu objetivo final.

caso o cavalheirismo e a educação, que sempre são bem-vindos, pois suavizam as diferenças e o conflito (256).

48.

Busque alguém que o ajude a carregar suas tristezas e compartilhe as suas felicidades. Nunca lute sozinho e menos ainda quando enfrentar grandes riscos, pois seria carregar muita responsabilidade, o que no trabalho não é bom. Em certas ocasiões e assuntos muito importantes, é melhor dividir o fardo com *prudência* e sabedoria. Alguns preferem enfrentar-se com todos os poderes e estar ao alcance de toda espécie de murmúrios e intrigas. Mesmo nestes casos, é melhor ter quem os desculpem de seus equívocos e os ajudem a receber e atenuar os golpes. Por certo virão. É possível que lhe vejam andando sozinho e queiram se aproveitar disso, mas se andar acompanhado, com dois ou mais, nem na fortuna nem na vulgaridade será fácil enfrentá-lo. Por isso, o médico inteligente, cujo enfermo morreu daquele caso muito complicado, quando pretendia curá-lo, tinha sempre um colega ao lado, para aconselhar e dividir o pensamento. Ele, o colega, o ajudará a carregar o ataúde e compartilhar a culpa da perda irreparável. Não veja este conselho como mau, veja nestas palavras que os amigos compensam-se e se ajudam, dividem fortuna e dor. Na vida, reparte-se o peso e o pesar, pois a má sorte redobra o peso e torna intolerável a carga (258).

49.

Use palavras de seda e suavidade de conduta. As lanças atravessam os corpos dos oponentes, e as más palavras, a alma. Uma boa parte faz que lhes ouçam bem as palavras, outras fazem que lhes ouçam bem a vida. A grande habilidade de viver consiste em saber vender o que se tira do ar ou do nada. A maioria dos problemas se resolve com palavras, e elas bastam para resolver qualquer dificuldade. Negocia-se de ar para ar, de palavra para palavra. O homem prudente cuida muito do relacionamento. Tenha sempre a sua boca cheia de palavras educadas. Mesmo na necessidade de ser duro, cuide das palavras, pois algumas mal ditas ficam cravadas para sempre no coração e são como o prego na madeira: pode-se retirá-lo mais tarde, mas a marca deixada é difícil de apagar. E até com os inimigos guarde este segredo: o que não puder fazer com amor, faça com astúcia. O melhor meio de mostrar-se no trabalho é como competente, firme, mas sempre aprazível. Duro, mas justo. Solícito, mas não cordato. Arrogante, jamais (267).

50.

Seja natural, mas não vulgar. Corrente, mas nunca indecente. Não se mostre sempre formal e obtuso, que são as formas dos muito educados e gentis. Algumas vezes, convém mesclar-se com a maioria. Um pouco, mas sem indecência, pois se for indelicado em público, ninguém pensará que poderia ser sério na intimidade, muito menos no trabalho. Facilmente perdemos em apenas um dia de vulgaridade tudo o que ganhamos numa eternidade. Nunca seja visto como excessivamente interessado no sexo oposto ou sedutor inveterado, pois isso é muito baixo. Discrição é a palavra. A ninguém são devidas contas das suas intimidades. Nunca confie num traidor, mesmo no campo conjugal. Guarde as façanhas íntimas apenas para si, embora deseje e espere que nunca as tenha. Mas se tiver estas fraquezas, trate logo de dissimulá-las, até que adquira inteligência suficiente que lhe permita superá-las. Pessoas assim não são confiáveis, afaste-se delas. Também não importa sua orientação sexual, mas saiba ser reservado qualquer que seja ela. Muito menos lhe convém aparecer como um homem afetado, de certa feminina finura. Deixe a cada sexo o seu estilo. Ainda a finura espiritual é ridícula. O melhor de um homem é parecer um homem. Não entenda mal estas palavras, faça o que a sua consciência orientar quanto ao sexo, mas continue parecendo um homem.[75] A mulher pode em um momento ver-se varonil, mas um homem afeminado, nunca (275).

51.

Não se faça notar em tudo, apenas em certas ocasiões. Se aparecer demasiadamente e for notado em tudo, em algo vai receber uma nota ruim, obscurecendo outras boas ações que tenha feito. O exibicionismo provém do afã de ser diferente, que sempre é censurado. Não se comporte como excêntrico, seja simples e singular. Ainda que bonito, se de extrema beleza, se desprestigia. Todos aqueles que chamam a atenção em demasia molestam os que não podem mostrar o mesmo ou apenas podem expor menos. Lembre que muito mais mal ainda há de vir se a sua excentricidade for contra as regras e os costumes do lugar onde estiver. Evite se exibir, em particular nas formas extremistas, sejam elas pela arrogância, pela grossura ou simplesmente pela má educação. Quem assim age, até por seus próprios vícios, tem a intenção de se fazer notar, buscando a novidade e a ruindade, para conseguir apenas a fama de infames. Até na sabedoria, aquilo que temos em demasia degenera em palavrório (278).

---

75 Aqui o autor diz que, independentemente da orientação sexual (seja heterossexual ou homossexual), cada indivíduo deve ter a aparência definida pelo seu próprio sexo. No campo profissional, tal conduta é importante, já que pouco importa a opção pessoal de cada um, mas o comportamento e o relacionamento fora dos padrões podem obscurecer um bom desempenho e sofrer discriminação.

52.

Existem ocasiões nas quais se contradizer ou falar mal pode ser a sua perdição. É muito importante que aprenda a diferença entre possuir astúcia para se calar na hora exata e o risco de dizer aquilo que pensa. Nem sempre que alguém diz algo o faz com a intenção de discutir; em muitos casos, é apenas um artifício para que saibam o que realmente pensa para castigá-lo. Tenha atenção máxima para que as oportunidades de opinar não criem uma situação ruim e depois lhe tragam aborrecimento ou mesmo a derrota. Pense que existem os muito espertos e astutos que colocam armadilhas para que diga o que querem saber. A melhor resposta é deixar tudo em absoluto silêncio, fechado a sete chaves (279).

53.

Coloque-se no lugar daquele com quem discute e se compreenderão melhor. Não precisa concordar, mas tente entender. Cada qual concebe as coisas segundo a sua conveniência e logo busca razões para justificar seus pontos de vista. A emoção arrasta e domina as ideias. Ao encontrarem-se duas pessoas, que discutem ideias contrárias, cada qual acredita ser dona da verdade. Mas como a razão não possui duas caras, tampouco dois donos, um a tem e o outro não. Neste delicado ponto, o sábio procede com reflexão serena. Assim, ao estudar sua própria ideia, mudará a forma de como enxerga a ideia do outro. Como seria bom se conseguisse se colocar no lugar do outro e examinar seus motivos como se fosse ele! Não é necessário acatar, muito menos aceitar, mas para negociar há que se entender o pensamento do outro. Racionalizar como aquele. Ao fazer isso, não se condenará a ele nem se justificará a si, apenas ficará livre da obstinação própria daquele que discute e, assim, tratará de falar a verdade que existe em cada um (294).

54.

Ainda que esteja na intimidade, atue sempre como se todos o estivessem observando. Nunca escreva besteiras nos e-mails sobre amigos, chefes ou clientes, nem fale fácil sobre coisas sérias ao telefone. Trate tudo com formalidade. Este é o protótipo do homem responsável. Observe os que lhe olham e também para os que o observarão. As paredes ouvem e o mal feito teima por sair à luz. Ainda que esteja só, atue como se estivesse à vista de todos, pois deve saber que o todo tudo saberá. Olhe agora como testemunha aqueles que o observam. Não tenha medo de que observem a sua casa de longe, pois deve desejar que todos a vejam, já que nela notarão a sua honestidade (297).

55.

Deixe que desejem mais do que lhes dá. Deixe gosto de mel na boca daqueles que recebem. Quanto mais desejo as pessoas têm pelo que possui, mais estima lhe terão. Até a simples sede material deve ser mitigada, mas não saciada. O bom, se pouco, é duas vezes melhor. É muito perigoso que lhe façam muitos elogios, pois estes causam a depreciação de gente sensata. A principal regra para agradar é aproveitar o apetite hesitado pela fome que restou: se gritam, pois que seja pelo motivo de estarem impacientes para que lhes satisfaça os desejos, e não por atritos ou problemas (299).

Notas biográficas sobre Baltasar Gracián

Nascido em Belmonte de Gracián, aldeia de Calatayud, Aragão, em princípios de 1601, Baltasar Gracián y Morales criou-se em Toledo na casa de seu tio Antonio Gracián. Aos dezoito anos, em 1619, ingressou na Companhia de Jesus, com o noviciado em Tarragona. Estudou Teologia e, depois de receber os sagrados votos, ordenou-se sacerdote em 1626.

Iniciou-se na sua profissão de ensinar em 1635, como professor no Colégio da Companhia em Calatayud. Foi capelão do exército do marquês de Leganés na Guerra da Catalunha.

Como padre jesuíta, poderia se dizer que ele não teve destaque, seus superiores sempre o tiveram como pessoa pouco observante dos "bons" preceitos religiosos, além de indisciplinado (GRACIÁN, 2007). O posto maior que conseguiu na vida foi o de vice-reitor no noviciado de Tarragona. Ensinou Latim, Humanidades, Filosofia, Teologia Moral e da Sagrada Escritura.

Deu tanta importância à síntese do pensamento dos homens que centenas de suas frases se tornaram muito famosas: "O bom, se breve, é duas vezes bom".

Era também um padre que pregava para as populações.

Foi por meio de pseudônimos e de seus amigos não clérigos que fez publicar a sua obra, pois os seus escritos nunca eram bem vistos por seus superiores. Por conta de um de seus livros (*El criticón*), foi condenado a pão e água e perdeu a cadeira de docente.

Os problemas ocasionados pela publicação de suas obras deram lugar à sua mudança de domicílio para Graus e, posteriormente, para Tarazona, cidade na qual faleceu, em 1658. Foi contemporâneo de Quevedo, Velásquez, Murillo, Lope de Vega e Calderón.

Baltasar Gracián escreveu:

1. *El héroe* (Huesca, 1637);
2. *El político Don Fernando el Católico* (Zaragoza, 1641);
3. *Agudeza y arte de ingenio* (Madrid, 1642);
4. *El discreto* (Huesca, 1646);
5. *Oráculo manual y arte de prudencia* (Huesca, 1647);
6. *El criticón* (Huesca, 1651);
7. *El comulgatorio* (Huesca, 1653).

De todas as suas obras, foram feitas inumeráveis edições em todo o mundo e em dezenas de línguas.

Referências

AIRES, Mathias. *Carta sobre a fortuna*. Coleção Grandes Obras do Pensamento Universal, São Paulo: Escala, 2008.

FRANKL, Viktor E. *Man's Search for Meaning*. Boston: Beacon Press, 2006.

GRACIÁN, Baltasar. *A arte da prudência*, adaptada do espanhol clássico para o moderno, realizada pelo Banco de Reservas de la República Dominicana. Santo Domingo: BanReservas, 2007.

GRACIÁN, Baltasar. *A arte da prudência*. São Paulo: WMF Martins Fontes, 2008.

GRACIÁN, Baltasar. *A arte da prudência*. Adaptada por Davina Moscoso de Araújo. Rio de Janeiro: Sextante, 2006.

GRACIÁN, Baltasar. *A arte da prudência*, Coleção A obra-prima de cada autor. Adaptado por Nassetti. São Paulo: Martin Claret, 2009.

GRACIÁN, Baltasar. *El héroe/El discreto/Oráculo manual y arte de prudencia*, Edición de Luys Santa Marina, Introducción y notas de Raquel Asun. Barcelona: Planeta, 1990.

GRACIÁN, Baltasar. *El arte de prudencia*, Edición de Jose Ignacio Diez Fernandez. Madrid: Temas de Hoy, 1993.

GRACIÁN, Baltasar. *Gracián's Manual: A Truthtelling Manual and the Art of Worldly Wisdom*, trad. Martin Fischer. Springfield, IL: Charles C. Thomas Publisher, 1934.

GRACIÁN, Baltasar. *Obras completas, Estudio preliminar*, edicion, bibliograpfia y notas de Arturo del Hoyo. Madrid: Aguilar, 1960.

GRACIÁN, Baltasar. *Oráculo manual y arte de prudencia*, Edición crítica y comentada por Miguel Romera-Navarro. Madri: Ediciones Jura, 1954.

GRACIÁN, Baltasar. *Oráculo manual y arte de prudencia*. Alicante: Biblioteca Virtual Miguel de Cervantes, 1999.

GRACIÁN, Baltasar. *Oráculo manual y arte de prudencia*, Edición de Emilio Blanco. Madri: Letras Hispánicas, 1995.

GRACIÁN, Baltasar. *The Art of Worldly Wisdom*, trad. Joseph Jacobs, Dover. Londres: Macmillan and Co., 2005.

MACHIAVELLI, Niccoló. *O príncipe*. 18. ed. São Paulo: Hemus, 2002.

SCHWARTZ, Tony; GOMES, Jean; McCARTHY, Catherine. *The Way We're Working Isn't Working*. Nova York: Free Press, 2010.

Apêndice

Frases e pensamentos de Baltasar Gracián:

- Triste coisa é não ter amigos, mas mais triste ainda deve ser não ter inimigos, porque quem não tem inimigos não tem talentos que lhe façam sombra, nem valores que lhe façam temido, nem honra para que dele murmurem, nem bens para serem cobiçados, nem fatos bons que lhe invejem, nem coisa alguma.
- A prudência é a virtude da razão prática, que nos ajuda a discernir o bem e a eleger o meio justo para consegui-lo.
- A prudência é o saber dos meios.
- Não se deve confundir os fins com os meios e muito menos prejudicar o fim com um manejo imprudente do meio.
- Errar é humano, mas engano maior é atribuí-lo aos outros.
- A morte para os jovens é um naufrágio e para os velhos é chegar ao porto.
- Qualquer um vale para inimigo e poucos para amigos; poucos fazem o bem, e quase todos, o mal.
- O mais poderoso feitiço para ser amado é amar.
- É melhor consultar o travesseiro do que perder o sono depois.
- Cada um mostra o que é pelos amigos que tem.
- A confiança é a mãe do descuido.
- Aquele que não reconhece o tolo é tolo também.

- Às vezes, penso que é uma lástima que a poesia social seja a mais atacada (bom, a única atacada), já que encerra grandes valores humanos a despeito dos poetas.
- A sorte se cansa de levar sempre o mesmo homem nas costas.
- Trabalhou muito aquele que nada deixou para amanhã.
- O bom, se breve, é duas vezes bom.
- Saber e saber demonstrar é valer duas vezes.
- Na boca do velho, todo o bom foi e todo o mal é.
- O primeiro erro é presumir que sabe.
- O não e o sim são breves de dizer, mas podem [fazer] pensar muito.
- Muitas vezes, a enfermidade nasce do remédio.
- É melhor que a boca fique duas vezes fechada e que o ouvido fique duas vezes aberto, porque o ouvir há sempre de ser o dobro do falar.
- O bom não deveria ser tão breve.
- Nunca lute com quem nada tem nada a perder.
- Não existe pior surdo do que aquele que não pode ouvir, mas há sim outro pior: aquele que por uma orelha deixa entrar e por outra sair.
- É tão difícil dizer a verdade como ocultá-la.
- Aquele que confia seus segredos a outro homem torna-se escravo dele.
- A liberdade consiste em fazer o que se deve fazer.

- Não se coloque ao lado de um mau argumento simplesmente porque o seu oponente se colocou do lado bom.
- Não há professor que não possa ser aluno.
- Não existe um homem, por mais velho que seja, que não pense em viver outro ano.
- Quem não tem inimigos tampouco costuma ter amigos.
- A única coisa que realmente nos pertence é o tempo: inclusive aquele que não tem outra coisa conta com isso.
- É proveitosa sabedoria evitar desgostos. A prudência evita muitos.
- O costume diminui a admiração e uma mediana novidade costuma vencer a maior eminência envelhecida.
- Aos vinte anos, um homem é um pavão real; aos trinta, um leão; aos quarenta, um camelo; aos cinquenta, uma serpente; aos sessenta, um cão; aos setenta, um macaco; e aos oitenta, nada.
- O mentiroso sofre de dois males: não acredita e tampouco é acreditado.

Glossário

Abarcar, abranger, alcançar.

Abissais, enormes, profundos.

Acercamento, ação ou efeito de acercar-se; assediar.

Aforismo, sentença concisa, que geralmente encerra um preceito moral. O termo também designa uma máxima, um provérbio, um adágio, um apotegma, um ditado ou um enunciado em poucas palavras. Por exemplo: tal pai, tal filho.

Airoso, característica de gentil, elegante e gracioso: homem doce e airoso. Qualidade de quem age dignamente e de maneira decente: atitude airosa.

Antítese, figura de linguagem (figura de estilo) que consiste na exposição de ideias opostas.

Artes liberais, conjunto de estudos e disciplinas por intermédio dos quais se intenciona prover conhecimentos, métodos e habilidades intelectuais gerais para seus estudantes, em vez de habilidades ocupacionais, científicas ou artísticas mais especializadas.

Barroco, nome dado ao estilo artístico e literário que floresceu entre o final do século XVI e meados do século XVIII, inicialmente na Itália, difundindo-se em seguida pelos países católicos da Europa, notadamente a Espanha (Wikipédia).

Bordejando, dando voltas, contornando sem entrar no assunto.

Burla, logro, mentira.

Cauto, aquele que tem cautela é acautelado, prudente.

Circunspecto, atento, vigilante, cauteloso, prudente.

Comprazer, achar prazer em, deleitar-se, regozijar-se.

Concitar, incitar, instigar, estimular (pessoas) à desordem.

Conflitivo, que tem caráter conflituoso, colidente, conflitante. Por exemplo: viver num ambiente conflitivo é altamente estressante.

Desluzir, desacreditar, desonrar, macular.

Desvairar, alucinar, fazer enlouquecer, exaltar, iludir, enganar.

Desvanecido, desfeito. Por exemplo: sonho desvanecido.

Desvelo, diligência, esmero, solicitude.

Detratar, falar mal, destratar.

Detrator, aquele que difama, que espalha calúnias.

Dileto, que é preferido na estima, no afeto; muito amado, querido.

Enfastiado, aborrecido, cansado.

Enochato, linguagem popular; trata-se de um termo vulgar que descreve aqueles que se dizem "entendidos" em determinado assunto. No caso presente, a palavra "enochato" designa um suposto enólogo (grande conhecedor de vinhos) que aborrece as pessoas com seu palavrório de "grande conhecedor".

Ensimesmado, absorto, concentrado.

Escaravelho, espécie de besouro, inseto de corpo ovalado e patas curtas, com diversas cores e tamanhos, segundo a espécie. Aqui, Gracián se refere à antiga fábula: a águia desdenhou do pequeno "rola bosta", um dos apelidos deste minúsculo inseto, e foi objeto de vingança dele, que escalava seu ninho e fazia rolar os seus ovos, espatifando-os no solo. Em sentido figurado: "ninguém é tão insignificante que não possa arrumar um modo de vingar-se de afrontas".

Eufemismo, figura de linguagem que emprega termos mais agradáveis para suavizar uma expressão. Consiste na visualização de uma expressão (Wikipédia).

Falaz, ardiloso, astucioso, falacioso, ardiloso.

Fastio, falta de apetite; aborrecimento, tédio; repugnância, aversão.

Fugaz, que foge com rapidez, efêmero, que dura pouco, fugidio; transitório, rápido (em desaparecer).

Grandiloquência, qualidade do estilo muito elevado, grandioso.

Idólatra, aquele que adora ídolos.

Imperscrutável, que não pode ser pesquisado ou examinado.

Inescrutável, impenetrável, insondável. Ter a percepção do que é invisível aos olhos dos outros.

Inexorável, implacável, inflexível.

Inveterado, que tem determinada característica ou comportamento por força do hábito ou do tempo (ex.: jogador inveterado; romântica inveterada).

Látego, chicote de corda ou de correia; açoite, azorrague. Sentido figurado: castigo, flagelo. Por exemplo: o remorso é o látego da alma.

Lince, mamífero da ordem Carnívora, família Felidae, sendo, portanto um felino carnívoro. O gênero tem distribuição geográfica vasta, mas presente apenas no Hemisfério Norte. É considerado um exímio e implacável caçador.

Lisonja, adulação, bajulação, louvor interesseiro.

Lisura, boa-fé, sinceridade.

Mister, necessidade, precisão, exigência, urgência; emprego, ocupação, ofício, serviço, trabalho: mister de padeiro. É mister: é necessário, é preciso, é indispensável, é urgente.

Mitigada, aliviada, suavizada.

Molestoso, que molesta ou causa moléstia; enfadonho, aborrecido, chato, incômodo, prejudicial, nefasto; trabalhoso, árduo.

Ojeriza, aversão, asco, repugnância.

Perífrases, verbais e lexicais, são um conjunto das unidades significativas de uma dada língua, num determinado momento da sua história. Em sentido lato, é sinônimo de vocabulário.

Polímata, "aquele que aprendeu muito" é uma pessoa cujo conhecimento não está restrito a uma única área. Em termos menos formais, um polímata pode referir-se simplesmente a alguém que detém um grande conhecimento. Muitos dos cientistas antigos foram polímatas de acordo com os padrões atuais.

Preclaro, eminente, notável, exímio, nobre.

Pueril, aquilo que se refere à infância: ato pueril. Infantil, sem valor. Infantil, ingênuo, simples.

Pulcro, alegre, belo, formoso.

Quimeras, ilusões, miragens, utopias.

Quimérico, ilusório, imaginário, irreal.

Quintessência, a parte mais pura de um todo. O que se é.

Século de Ouro, época clássica de apogeu da cultura espanhola, essencialmente o Renascimento do século XVI e o Barroco do século XVII.

Sinecura, emprego rendoso e de pouco ou nenhum trabalho. Emprego cujas funções não se exercem.

Sintagma, gramática sintagmática se define por apresentar meios mais simplificados para a descrição estrutural das orações. Para tanto, servimo-nos do sintagma demarcado por elementos que, inseridos na oração, constituem uma unidade significativa, mantendo entre si relações de dependência e de ordem, uma vez organizados em torno de um elemento fundamental denominado núcleo. Este pode, por si só, constituir o sintagma (www.portugues.com.br).

Solapado, destruído sorrateiramente; abalado em seus fundamentos. Solapar: provocar a ruína de: solapar o moral da tropa.

Torpe, amoral, depravado.

Ufanar-se, autoelogiar-se, gabar-se, gabar algo ou alguém.

Untar, engordurar, engraxar, lambuzar.

Vanidade, caráter ou qualidade do que é vão; vaidade.

Varonil, forte, macho, másculo.

Venial, perdoável, desculpável.

Verdugo, algoz, carrasco, indivíduo cruel, desumano, que dá maus-tratos a alguém.

Vituperar, injuriar, dizer vitupérios; desaprovar, exprobrar; difamar.

Vitupério, ato de exprobrar, condenar ou repreender. Desprezo, ignomínia. Insulto, injúria, agravo, ofensa, Ultraje, ato vergonhoso, infame. Acusação infame.

Índice remissivo

Relação das palavras-chave e seus respectivos significados:

Índice onomástico

Relação e números das páginas onde aparecem os autores mencionados:

Sobre o autor[76]

Luis Roberto Antonik, é professor e executivo de empresas. Graduado em Geografia, Ciências Econômicas e Administração e autor de vários livros nas áreas de Finanças, Matemática Comercial e Filosofia.

76 Aqui, num gesto de ousadia pretensiosa, Antonik se intitula "autor", quando simplesmente fez a tradução, a adaptação e a contextualização dos textos de Gracián.